ORDONNANCE DU ROI,

SUR L'EXERCICE

DE

L'INFANTERIE.

Du 6 Mai 1755.

A PARIS,

DE L'IMPRIMERIE ROYALE.

M. DCCLV.

TABLE DES TITRES

CONTENUS

DANS L'ORDONNANCE DU ROI,

SUR L'EXERCICE DE L'INFANTERIE,

Du 6 Mai 1755.

ORDONNANCE

ORDONNANCE
DU ROI,

Sur l'Exercice de l'Infanterie.

Du 6 Mai 1755.

DE PAR LE ROI.

SA MAJESTE' s'étant fait repré-
senter les différentes Ordonnances
& Instructions qu'Elle a fait rendre
ci-devant pour régler l'Exercice de
son Infanterie, & les observations auxquelles elles
ont donné lieu ; Et voulant décider définitivement
tout ce qui a rapport à cet objet, Elle a ordonné
& ordonne ce qui suit.

A

DES
OBLIGATIONS DES OFFICIERS,
Et de la manière dont ils doivent porter les armes & en saluer, ainsi que les Sergens.

Sauront exécuter ce qu'ils doivent commander. — LES Capitaines, Lieutenans, Sous-lieutenans & Enseignes, seront tenus de savoir exécuter & commander les différens pas & le maniement des armes ; & les nouveaux Officiers qui seront reçûs à leurs emplois, ne pourront faire de service qu'après que leur capacité à cet égard aura été reconnue par l'épreuve qui en sera faite en présence du Commandant du régiment, dont ils seront tenus de rapporter un certificat au Commandant de la place où le régiment tiendra garnison, lequel l'enverra au Secrétaire d'Etat ayant le département de la guerre.

Exercice des Officiers. — LES Lieutenans, Sous-lieutenans & Enseignes seront exercés ensemble au moins deux fois par mois, par un Officier major.

LES Commandans des corps se trouveront, le plus souvent qu'il leur sera possible, aux exercices des Lieutenans, Sous-lieutenans & Enseignes, & lorsque quelque cas imprévû les empêchera d'y aller, ils auront soin de faire avertir les plus anciens Officiers, afin qu'ils s'y trouvent à leur place.

Saluer à l'exercice. — TOUTES les fois que le bataillon ou le régiment prendra les armes pour s'exercer, les Officiers salueront de leurs armes de pied ferme, & en marchant, & les Enseignes du drapeau, le Commandant étant à leur tête ; & ledit Commandant décidera du lieu & du moment où le salut devra se faire.

Armement. — TOUS les Officiers seront armés d'espontons, & les Sergens de hallebardes ; à l'exception des Officiers & Sergens des compagnies de Grenadiers, qui porteront des fusils.

QUAND les Officiers d'Infanterie feront repofés à la tête de leur troupe, ils auront les deux pieds égaux devant eux, les talons ouverts à deux pouces de diftance. Ils tiendront leur efponton de la main droite à côté d'eux dans une fituation perpendiculaire, le poignet à la hauteur de l'épaule, le pouce le long de la hampe, le talon de l'efponton à terre, à fix pouces de la pointe du pied droit, & la main gauche pendante fur le côté.

Se repofer fur l'efponton.

POUR marcher à la tête ou à la queue de leur troupe, ils porteront l'efponton fur le bras gauche :

Porter l'efponton.

> EN trois temps : au premier on baiffera la main droite à la hauteur du ceinturon.

> Au deuxième, portant l'efponton de la main droite appuyée à l'épaule gauche, on le faifira de la main gauche, à la longueur du bras à un pied du talon, la main en dehors, & l'efponton à plomb à côté de la cuiffe gauche.

> Au troifième, on laiffera tomber la main droite pendante.

Quand les Officiers feront dans les rangs, ils porteront leur efponton de la même manière.

POUR faire paffer dans le rang les Officiers qui feront repofés fur l'efponton à la tête de leur troupe, le Major avertira :

Entrer dans le rang.

Meffieurs les Officiers, dans le rang.

> ILS commenceront par porter en trois temps l'efponton de la main droite fur le bras gauche.

> Ils feront enfuite à droite ou à gauche felon le flanc du peloton où ils devront fe placer pour entrer dans le rang, ou par lequel ils devront paffer derrière leur troupe s'ils doivent être de ferre-file, & ils fe remettront par un à droite ou un à gauche quand ils feront arrivés à leur place.

QUAND on voudra faire fortir les Officiers des rangs, pour fe replacer à la tête de leur troupe, le Major avertira :

Sortir du rang.

Messieurs les Officiers, à la tête de vos troupes.

LE changement de position de l'esponton se fera en deux temps, après que les Officiers étant sortis du rang se feront placés à la tête de leur troupe.

Au premier, on empoignera la hampe de la main droite à la hauteur de l'épaule.

Au deuxième, on portera l'esponton du côté droit, le poignet à la hauteur de l'épaule, le laissant glisser à terre sans changer la main de position.

Salut de l'esponton de pied ferme. L'OFFICIER étant reposé sur l'esponton à la tête de sa troupe, saluera en quatre temps bien marqués & distingués, après s'être avancé d'un pas au-delà de sa distance ordinaire du premier rang.

Au premier, il fera à droite, portant l'esponton de biais, le talon en avant, élevé à deux pieds de terre seulement, le bras tendu à la hauteur de l'épaule, & la main gauche empoignera l'esponton environ trois pieds au dessus du talon.

Au deuxième, la main droite quittant l'esponton, la gauche le fera tourner jusqu'à ce que la lance soit baissée en avant près de terre, & que le talon vienne joindre la main droite, qui sera toûjours à hauteur de l'épaule.

Au troisième, il ramènera l'esponton dans la même situation où il étoit à la fin du premier temps.

Au quatrième, il se remettra par un à gauche, comme il étoit avant de saluer.

Il ôtera ensuite son chapeau de la main gauche, & ne le remettra que quand celui qui reçoit le salut l'aura dépassé de quelques pas.

L'Officier qui salue doit avoir attention de commencer ses mouvemens assez à temps pour que, lorsqu'il baissera la lance de l'esponton, la personne à laquelle il rend le salut soit encore éloignée de trois pas, afin que quand elle sera vis-à-vis de lui il soit remis à sa place.

Il observera aussi, si cette personne vient par la gauche, de ne faire qu'un demi à droite en commençant le salut.

Salut POUR saluer de l'esponton en marchant, lorsque
l'Officier

l'Officier portant l'esponton sur le bras gauche, sera à *de l'esponton* environ trente pas de la personne à qui le salut est dû, *en marchant.* il portera l'esponton sur l'épaule droite en trois temps:

Au premier, il empoignera l'esponton de la main droite à la hauteur de l'œil.

Au deuxième, il le portera devant lui sur la droite, le tenant perpendiculaire, le bras tendu en avant.

Au troisième, il le mettra sur l'épaule droite, le tenant plat, le coude à la hauteur de l'épaule.

L'Officier qui fera ces mouvemens, aura attention de s'éloigner de trois pas du rang, afin qu'en renversant l'esponton sur son épaule, la lance ne puisse pas blesser les Soldats qui le suivent.

Il continuera à marcher dans cette position d'un pas égal, jusqu'à ce qu'il soit à dix pas de la personne qui devra être saluée, & alors le salut se fera en six temps également bien marqués & distingués.

Au premier, en avançant le pied gauche & effaçant le corps comme si l'on faisoit à droite sur le talon droit, on portera l'esponton devant soi, le tenant plat à la hauteur des épaules, la main gauche à trois pieds du talon.

Aux deuxième & troisième temps, en avançant successivement le pied droit & le pied gauche, on fera tourner l'esponton de la main gauche, comme il a été dit pour le salut de pied ferme; observant que l'esponton se trouve droit lorsque le pied droit arrivera à sa place, & que la lance soit près de terre lorsque le pied gauche arrivera à la sienne.

Aux quatrième & cinquième temps, on fera les mouvemens contraires à ceux qui auront été faits aux deuxième & troisième; observant de même que l'esponton se trouve droit à la fin du pas qui sera fait du pied droit, & qu'il se trouve plat après qu'on y aura joint la main droite, le pied gauche arrivant à terre.

Au sixième temps, en avançant le pied droit, on remettra l'esponton sur l'épaule droite; ensuite avançant le pied gauche, on ôtera le chapeau, que l'on portera à la main à côté de soi, jusqu'à ce qu'on ait dépassé tous ceux à qui on doit honneur : après quoi on le remettra fur la tête, & quelques pas au-delà on ôtera l'efponton de deffus l'épaule pour le porter fur le bras gauche.

Les Capitaines & Lieutenans de chaque divifion, ne formeront qu'un rang pour faluer enfemble en marchant.

Porter l'efponton en avant. TOUTES les fois que les Soldats devront faire haut les armes en marchant à la charge, les Officiers porteront l'efponton en avant en deux temps.

AU premier, plaçant l'efponton de biais, ils amèneront la main gauche vis-à-vis le milieu du corps, & ils faifiront en même temps l'efponton avec la main droite, immédiatement au deffous de la main gauche.

Au deuxième, appuyant la main droite & l'efponton fur la hanche droite, ils l'empoigneront avec la main gauche à un pied de la main droite, & porteront l'efponton incliné, la lance en avant, à la hauteur du chapeau, l'avant-bras gauche collé au corps, faifant toûjours face en tête.

Ces deux temps s'exécuteront avec promptitude & dans la valeur d'un feul.

Lorfque de cette attitude l'on devra paffer à celle de porter l'efponton, ce changement s'exécutera en deux temps.

AU premier, on ramenera le talon de l'efponton devant foi, & la main gauche fe placera près de la droite pour prendre la pofition prefcrite au premier temps ci-deffus.

Au deuxième, la main gauche redreffant l'efponton, on le placera le long de la cuiffe gauche dans l'attitude prefcrite pour porter l'efponton, & en même temps la main droite tombera pendante fur le côté.

Porter le fufil. LES Officiers de Grenadiers porteront en toutes occafions le fufil fur le bras gauche, le canon en dehors & à plomb, la baguette au défaut de l'épaule, le bras tendu, la main gauche embraffant le chien & le baffinet, la croffe à plat le long de la cuiffe gauche, & la main droite pendante fur le côté.

Mettre la QUAND la troupe mettra la bayonnette au bout du

fuſil, pour être exercée aux évolutions ou pour l'exercice du feu, ils l'y mettront de même, & pour cet effet ils paſſeront le fuſil du côté de l'épée en quatre temps. *bayonnette au bout du fuſil.*

Au premier, ils joindront la main droite ſous la platine, que la main gauche ramenera au milieu du corps à la hauteur du ceinturon, tournant le fuſil ſur ſon plat.

Aux deuxième, troiſième & quatrième temps, ils prendront les attitudes preſcrites pour le ſoldat aux deuxième, troiſième & quatrième temps du premier commandement pour l'inſpection.

Ils mettront la bayonnette au bout du canon par les mêmes mouvemens que le ſoldat.

Lorſqu'après avoir mis la bayonnette ils devront porter leurs armes ſur le bras gauche, ils le feront en trois temps.

Au premier, comme il eſt ordonné pour le ſoldat au premier temps du dixième commandement pour l'inſpection.

Au deuxième, faiſant face en tête, ils ſaiſiront la platine avec la main gauche, la plaçant à la hauteur du ceinturon vis-à-vis le milieu du corps, le canon au défaut de l'épaule, le fuſil ſur ſon plat.

Au troiſième, ils placeront le fuſil ſur le bras gauche, comme il eſt preſcrit ci-deſſus, & la main droite tombera pendante ſur le côté.

QUAND ils auront à ſe repoſer ſur le fuſil, comme pendant le maniement des armes, & dans les haltes qui ſeront un peu longues, ce mouvement ſe fera en trois temps. *Se repoſer ſur le fuſil.*

Au premier, comme au premier temps ci-deſſus pour paſſer le fuſil du côté de l'épée.

Au deuxième, tournant le fuſil de la main droite, la foûgarde en dehors, la main gauche le ſaiſira au deſſus de la platine, & la droite ſe portera au bout de la monture, à la hauteur du chapeau, tenant le fuſil à plomb, la croſſe vis-à-vis la pointe du pied droit.

Au troiſième, ils laiſſeront tomber la croſſe du fuſil à terre, à côté de la pointe du pied droit, & la main gauche tombera pendante ſur le côté.

Lorfque de cette attitude les Officiers voudront remettre le fufil fur le bras, ce mouvement fe fera de même en trois temps.

Au premier, ils éleveront le fufil avec la main droite, de deux pieds de terre, le rapprochant du corps pour que la main gauche puiffe le faifir au deffus de la platine.

Au deuxième, portant la main droite derrière le chien, & la main gauche fur la platine, ils reprendront l'attitude prefcrite ci-deffus au premier temps pour paffer le fufil du côté de l'épée.

Au troifième, l'arme fe placera fur le bras gauche, comme il eft prefcrit ci-deffus, & la main droite tombera pendante.

Salut au fufil de pied ferme. LES Officiers de Grenadiers falueront de pied ferme, en fix temps.

Au premier, comme au premier temps ci-deffus, pour paffer le fufil du côté de l'épée.

Au deuxième, faifant à droite, on portera le fufil devant foi de la main droite, le bras tendu à la hauteur de l'épaule, la platine en dehors, & le fufil à plomb. La main gauche tombera en même temps pendante fur le côté.

Au troifième, on baiffera le bout du fufil près de terre, le foûtenant de la main gauche, qu'on aura portée en avant, & fur laquelle on l'appuyera à deux travers de doigt de la foûgarde.

Au quatrième, on fe remettra comme on étoit à la fin du deuxième temps.

Au cinquième, on fera face en tête par un à gauche, & on replacera le fufil dans l'attitude prefcrite ci-deffus au premier temps, pour paffer le fufil du côté de l'épée.

Au fixième, on placera le fufil fur le bras gauche, & la main droite tombera pendante ; après quoi on ôtera le chapeau de la main droite, & on le remettra comme il a été dit au falut de l'efponton.

On aura la même attention de commencer ces mouvemens affez tôt, pour que le falut du fufil fe faffe trois pas en avant de la perfonne ; & fi elle venoit par la gauche, de ne faire qu'un demi à droite en commençant le falut.

CES

C ES Officiers falueront de la même manière en marchant.

LE premier temps fe fera en avançant le pied gauche, dix pas avant d'être vis-à-vis de la perfonne qu'on devra faluer.

Le deuxième, en avançant le pied droit.

Le troifième, en faifant un pas du pied gauche, de façon que le bout du fufil arrive près de terre en même temps que le pied pofera en avant.

Le quatrième, en faifant le quatrième pas.

Le cinquième, en faifant le cinquième pas.

Le fixième, en faifant le fixième pas, qui fera du pied droit.

Lorfque les Officiers portant le fufil falueront avec ceux portant l'efponton, ils règleront leurs mouvemens de manière qu'ils fe faffent enfemble.

Toutes les fois que les Soldats devront faire haut les armes en marchant à la charge, les Officiers de Grenadiers feront auffi haut les armes en deux temps, qui s'exécuteront brufquement dans la valeur d'un feul.

Au premier, comme au premier temps ci-deffus pour paffer le fufil du côté de l'épée.

Au deuxième, comme au deuxième temps du neuvième commandement du maniement des armes.

Ils reviendront dans la pofition où ils étoient en deux temps, qui s'exécuteront par les mouvemens contraires.

LES Enfeignes appuyeront le talon de leur drapeau fur la hanche droite, le tenant un peu de biais : ils pourront cependant, lorfque les Soldats porteront l'arme au bras, mettre le drapeau fur l'épaule gauche.

LORSQU'ILS devront faluer, ils baifferont doucement la lance du drapeau jufqu'auprès de terre, la releveront de même, & ôteront enfuite leur chapeau de la main gauche.

Ils prendront leur temps de façon que quand ils baifferont le drapeau il s'en manque de quelques pas que celui qu'ils falueront ne foit vis-à-vis d'eux, & ils auront attention de baiffer enfemble les drapeaux, & de les relever de même.

Sergens. LES Sergens porteront leur hallebarde de la même manière, & par les mêmes temps que les Officiers porteront l'efponton.

Les Sergens de Grenadiers porteront leur fufil de même que les Officiers de ces compagnies.

Les Sergens ne feront d'autre falut qu'en ôtant leur chapeau ; ils porteront la hallebarde en avant quand les Officiers porteront l'efponton de cette manière.

Officiers majors. TOUTES les fois que les Officiers majors commanderont l'exercice ou les manœuvres, ils feront tenus de mettre l'épée à la main.

DE

L'ÉCOLE DU SOLDAT.

Exercice des Sergens. LES Officiers majors auront foin de former les Sergens aux différens pas, & au maniement des armes qui font ordonnés ci-après ; ils les exerceront enfemble au moins trois fois par mois, & quand il s'en trouvera quelqu'un qui ne faura pas les exécuter parfaitement, ils feront exercés féparément tous les jours par un Officier major, ou par un autre Sergent en fa préfence, jufqu'à ce qu'ils ne manquent plus à rien.

Séparation des Soldats en deux claffes. ON formera une première claffe des Caporaux, Anfpeffades & Soldats qui fauront exécuter parfaitement les pas & le maniement des armes ; ceux qui n'auront point atteint cette perfection feront une feconde claffe, dont les Soldats ne feront jamais exercés avec ceux de la première.

Les Caporaux, Anspessades & Soldats de la seconde classe seront exercés au moins une fois tous les jours, excepté les dimanches, par les Sergens des compagnies, & à leur défaut par les Caporaux les plus capables; les Sergens & Caporaux pourront se faire aider par des Soldats intelligens, qui seront choisis à cet effet par les Officiers majors.

Ces exercices se feront sur la place du quartier, sur le rempart ou dans des lieux couverts, même dans la chambre quand le temps ne permettra pas de les faire dehors.

Les Officiers subalternes y assisteront régulièrement, & ils seront responsables aux Capitaines de la manière dont les Soldats seront instruits, de même que ceux-ci le feront au Commandant du corps.

Ils feront exercer les Soldats un à un, puis deux à deux, ensuite en plus grand nombre; & ils ne souffriront pas qu'on les fasse passer au maniement des armes avant qu'ils soient habitués aux différens pas, commençant par le pas ordinaire, & continuant par le petit pas, le pas redoublé & les pas obliques.

On dressera d'abord les Soldats de recrue, pour leur apprendre à se bien tenir, & on les fera marcher sans armes jusqu'à ce qu'ils aient acquis les principes de la marche.

On observera pour le maniement des armes, quand les Soldats y auront été instruits séparément, de le leur faire exécuter deux à deux & de les faire changer de place alternativement, pour que celui de la gauche apprenne à se régler sur les mouvemens de celui de la droite.

Quant à l'exercice du feu, pour mettre en joue, tirer & recharger les armes, après qu'on y aura exercé les Soldats séparément, & successivement aux mouvemens qui sont particuliers à chaque rang, on les y emploiera pluſieurs à la fois ſur trois rangs, la bayonnette au bout du fuſil, en leur faiſant obſerver d'abord exactement les temps preſcrits au maniement des armes pour tirer & recharger, & les accoûtumant enſuite à le faire plus promptement, abrégeant alors les intervalles des temps, ſans cependant que le Soldat néglige de bien charger ſon fuſil, & de bien mettre en joue pour ajuſter en tirant.

Si pour mieux exécuter cet exercice du feu, & accoûtumer le Soldat à marcher ſur pluſieurs rangs, l'on veut réunir les Soldats de la ſeconde claſſe de pluſieurs compagnies, le plus ancien Sergent de ces compagnies les commandera.

Paſſage de la ſeconde claſſe à la première. QUAND un Officier croira qu'un Soldat de ſa compagnie ſera en état de paſſer de la ſeconde claſſe à la première, il le propoſera au Commandant du régiment, qui fera examiner le Soldat par les Officiers majors; les fautes les plus légères ſuffiront pour le faire refuſer, & nul ne pourra être admis à la première claſſe qu'après cet examen.

Exercice de la premièreclaſſe. LES Caporaux, Anſpeſſades & Soldats de la première claſſe, feront exercés au quartier tous les dimanches par les Officiers ſubalternes de chaque compagnie; les Sergens ſe trouveront à cet exercice, & le commanderont au défaut de leurs Officiers.

Travailleurs. LES Soldats auxquels il aura été permis de travailler, s'ils ſont de la ſeconde claſſe, ne feront jamais diſpenſés des exercices de cette claſſe. S'ils ſont de la première claſſe, ils feront tenus de ſe trouver à ſes exercices, à moins qu'ils n'aient une permiſſion particulière du Commandant du bataillon, qui les en diſpenſe.

Soldats en faute. TOUT Soldat de la première claſſe qui par négligence ou mauvaiſe volonté, ſe trouvera en défaut ſur quelque partie de l'exercice que ce ſoit, ſera remis à la ſeconde claſſe, & ne pourra repaſſer à la première ſans ſubir un nouvel examen.

LA

LA troupe deſtinée à monter la garde, ſera exercée tous les jours par les Officiers majors, après la première inſpection faite au quartier, & dans le lieu même où cette inſpection aura été faite; obſervant de ſéparer les Soldats de la ſeconde claſſe de ceux de la première.

Exercice de la Garde montante.

ON exercera tous les deux jours l'après-midi quatre compagnies par bataillon, formant au moins ſoixante-douze hommes de la première claſſe ; & les Officiers deſdites compagnies ſe trouveront à cet exercice.

Exercice de quatre compagnies par bataillon.

LES Caporaux & Soldats qui auront été choiſis pour aider les Sergens à l'inſtruction de la ſeconde claſſe, feront diſpenſés de ſe trouver à cet exercice pendant le temps qu'ils travailleront à cette inſtruction, à moins qu'ils ne fuſſent néceſſaires pour compléter le nombre de ſoixante-douze.

INDÉPENDAMMENT des exercices ci-deſſus, chaque bataillon ſera exercé en entier, au moins une fois par ſemaine, depuis le premier mai juſqu'au premier ſeptembre; & tous les bataillons d'un même régiment le feront enſemble au moins une fois en quinze jours.

Exercice des bataillons & régimens.

DANS les huit autres mois de l'année, les bataillons s'exerceront au moins une fois tous les quinze jours, & les régimens de pluſieurs bataillons une fois par mois.

DANS ces exercices, comme dans tous les autres, les Soldats de la ſeconde claſſe feront exercés à l'écart.

LES compagnies de Grenadiers feront exercées de même que celles des Fuſiliers.

Grenadiers.

LES Tambours feront exercés à marcher de même que les Soldats.

Tambours.

LE Commandant du régiment nommera quelquefois des Officiers particuliers pour commander l'exercice aux bataillons & aux quatre compagnies, à la place des Officiers majors, afin de reconnoître leur capacité à cet égard.

Officiers nommés pour commander l'exercice.

D

DE LA
FORMATION ET ASSEMBLÉE
DES BATAILLONS.

Formation sur trois rangs & sur six.

TOUTES les fois que l'Infanterie prendra les armes, en quelque occasion que ce soit, elle sera formée sur trois rangs ; & pour l'exercer sur une plus grande profondeur, on lui fera doubler les files afin de la mettre à six de hauteur, excepté les Grenadiers & les piquets qui resteront à trois de hauteur, à moins d'un ordre contraire.

Compagnies couplées, ou pelotons.

LES compagnies d'un même bataillon seront toûjours couplées deux à deux pour former des pelotons dans l'ordre suivant, soit pour camper, pour le logement, pour l'ordre de bataille, ou pour marcher.

La première & la septième compagnies formeront le premier peloton qui fermera la droite du bataillon ; la deuxième & la huitième compagnies formeront le deuxième peloton qui fermera la gauche du bataillon ; la troisième & la neuvième compagnies formeront le troisième peloton qui se placera sur la gauche du premier peloton ; la quatrième & la dixième compagnies formeront le quatrième peloton qui se placera sur la droite du deuxième peloton ; les cinquième & sixième pelotons formés l'un des cinquième & onzième compagnies, & l'autre de la sixième & de la douzième, rempliront successivement dans le même ordre le centre du bataillon.

Les premières compagnies de chaque peloton en prendront la droite dans le premier, le troisième & le cinquième pelotons, & la gauche dans le deuxième, le quatrième & le sixième pelotons.

Place des compagnies des Grenadiers.

LA compagnie des Grenadiers se mettra à la droite du bataillon quand il sera formé par la droite, & à sa gauche quand il sera formé par la gauche.

IL sera commandé un piquet par bataillon, composé d'un Capitaine, un Lieutenant, deux Sergens, quarante-huit Fusiliers & un Tambour: ce piquet se formera à la gauche du bataillon si le bataillon est formé par la droite, & à sa droite si le bataillon est formé par la gauche.

Si la compagnie de Grenadiers étoit séparée du bataillon, il seroit commandé deux piquets, dont le premier se mettroit à la droite, & le second à la gauche du bataillon.

L'ORDRE des droites & des gauches, établi pour les troupes qui devront se former par la droite, sera toûjours inverti dans celles qui se formeront par la gauche ou qui marcheront à colonne renversée.

LES bataillons d'un même régiment se placeront alternativement à droite, à gauche & au centre; observant de former dans l'ordre renversé, non seulement le bataillon qui fermera la gauche du régiment, mais encore le troisième bataillon, qui dans les régimens de quatre bataillons se formera à la gauche du premier bataillon: ce qui ne changera rien à la disposition des piquets dans les camps, dont le faisceau sera toûjours à la droite de chaque bataillon, excepté dans les brigades qui fermeront les gauches des lignes, où le faisceau du piquet de chaque bataillon de ces brigades sera à la gauche desdits bataillons.

LORSQUE les régimens étant en bataille sur trois rangs, les Officiers devront être à la tête de leurs troupes, le Colonel sera cinq pas en avant du centre du cinquième peloton du premier bataillon, le Lieutenant-colonel un pas en arrière à sa gauche; les Commandans de bataillon feront quatre pas en avant du centre du cinquième peloton de leur bataillon; les Capitaines & Lieutenans feront en avant du centre de leurs compagnies, les Capitaines à deux pas du premier rang, les Lieutenans un pas en arrière à leur gauche dans les compagnies qui formeront les droites des pelotons, & à leur droite dans celles qui formeront les gauches des pelotons; les Sergens à la droite ou à la gauche du premier & du troisième rangs, selon la formation de leur compagnie dans le peloton. Le Capitaine des Grenadiers sera à la tête du centre de sa compagnie, deux pas en avant; le Lieutenant un pas derrière le Capitaine, sur sa droite; & le Lieutenant en second sur sa gauche, les deux Sergens à la droite du premier & du troisième rangs. Le Capitaine de piquet sera à la tête de sa troupe deux pas en avant; le Lieutenant à sa gauche un pas en arrière; les deux Sergens fermeront la gauche du premier & du troisième rangs.

Lorsqu'un régiment ou bataillon étant en colonne sur trois rangs, les Officiers devront être à la tête de leurs troupes, ils garderont les places ci-dessus prescrites tant que les rangs seront serrés; & lorsqu'on ouvrira les rangs, les Lieutenans des compagnies de Fusiliers & le Lieutenant en second des Grenadiers, marcheront à deux pas de distance de leur premier rang comme leurs Capitaines: dans l'un & l'autre cas, les Lieutenans des compagnies de Grenadiers & ceux des piquets, passeront derrière leurs troupes à deux pas du dernier rang.

Dans les rangs. QUAND les régimens étant sur trois rangs, devront manœuvrer & être exercés au feu, les Officiers prendront les places ci-après indiquées : le Colonel se tiendra au centre du cinquième peloton de son bataillon, trois pas en avant du premier rang; le Lieutenant-colonel à sa gauche un pas en arrière; les Commandans de bataillon au centre & à la distance de deux pas du front du cinquième peloton de leur bataillon; les Capitaines des Grenadiers & du piquet resteront dans la même position à la tête de leurs troupes. Les autres Officiers entreront dans les rangs ou passeront derrière leurs troupes, savoir : le Capitaine de la première compagnie de chaque peloton, à la droite ou à la gauche du premier rang du peloton, selon qu'il sera formé par sa droite ou par sa gauche; le Capitaine de la deuxième compagnie du peloton, un pas derrière le centre du peloton, en serre-file; le

Lieutenant

Lieutenant de la première compagnie du peloton, à la droite ou à la gauche du troisième rang du peloton, selon que le peloton sera formé par la droite ou par la gauche; le premier Sergent de cette compagnie entre le Capitaine & le Lieutenant, & le deuxième derrière le flanc de sa compagnie, en serre-file; le Lieutenant de la deuxième compagnie du peloton, à la gauche ou à la droite du premier rang, selon que le peloton sera formé par la gauche ou par la droite, & les deux Sergens derrière lui, aux troisième & deuxième rangs. Le Lieutenant des Grenadiers sera derrière le centre de la compagnie, en serre-file; le Sous-lieutenant & le premier Sergent fermeront les droites du premier & du troisième rangs, & le second Sergent sera en serre-file à la gauche du Lieutenant. Le Lieutenant du piquet sera placé derrière le centre du troisième rang; les deux Sergens fermeront les gauches du premier & du troisième rangs.

Lorsque le Colonel & le Lieutenant-colonel seront absens, le plus ancien Capitaine du bataillon prendra leur place : on remplira de même celle des Commandans de bataillon en leur absence.

Les places des autres Officiers qui manqueront seront remplies, savoir : celle du Capitaine par le Lieutenant, celle du Lieutenant par le premier Sergent, & celle du premier Sergent par le deuxième Sergent, dont en ce cas la place restera vuide ; observant de ne point faire passer d'une compagnie à l'autre les Officiers du même peloton, si ce n'est pour les places de Commandant & de serre-file du peloton, qui seront toûjours remplies par les Officiers de l'une ou de l'autre compagnie du peloton les plus élevés en grade ou les plus anciens à grade égal.

Si cependant il ne se trouvoit point de Capitaine dans le premier ou le deuxième peloton d'un bataillon, le Commandant en nommeroit un pour en prendre le commandement, afin que les pelotons des aîles soient toûjours commandés par un Capitaine.

E

<table>
<tr><td>A la tête
des troupes
étant sur
six rangs.</td><td>QUAND on fera doubler les files pour mettre les bataillons sur six rangs, les Officiers & les Sergens ci-après défignés, en fortiront pour fe mettre à la tête de leur peloton, à la même diftance du premier rang que les rangs en obferveront entre eux lorfqu'ils feront ferrés. Le Capitaine - commandant fera au centre du peloton, le Lieutenant & le premier Sergent de la compagnie de la droite à fa droite, le Lieutenant & le deuxième Sergent de la compagnie de la gauche à fa gauche, de manière que les deux Lieutenans foient aux aîles du peloton : les autres Sergens des deux compagnies pafferont en ferre-file à la droite & à la gauche de l'Officier de ferre-file qui fera refté à fa place.</td></tr>
</table>

Lorfqu'il manquera quelqu'Officier, on fera paffer un Sergent de plus au front du peloton, de manière qu'il refte toûjours un Officier & un Sergent de ferre-file à chaque peloton.

<table>
<tr><td>Arrangement
des Soldats
dans les rangs.</td><td>LES files de la droite & de la gauche des pelotons feront remplies par des Caporaux & Anfpeffades des compagnies qui formeront chacune de ces files.</td></tr>
</table>

Le refte des rangs de chaque compagnie fera formé, favoir : le premier rang, des plus anciens Soldats; le troifième, de ceux qui fuivent les premiers en ancienneté, le furplus de la compagnie formera le fecond rang : on fuivra le même ordre dans la diftribution des rangs de la compagnie des Grenadiers. A l'égard du piquet, on en rangera les Soldats fucceffivement par files, felon la place que les compagnies qui les auront fournis occuperont dans l'ordre des pelotons; obfervant cependant que les droites & les gauches des rangs foient appuyées par des Caporaux & Anfpeffades.

<table>
<tr><td>Egalifer
les pelotons.</td><td>LES rangs de chaque peloton feront égalifés de manière que toutes les files en foient complettes : on obfervera auffi que le nombre des files de chaque peloton foit toûjours pair; pour cet effet, on fera paffer les Soldats furnuméraires</td></tr>
</table>

d'un peloton dans ceux où il en manquera, & lorfqu'il s'en trouvera de refte dans le total du bataillon, ils fe joindront au piquet.

O N placera les drapeaux au centre du cinquième peloton dans le fecond rang : on commandera deux Sergens pour fe placer à la droite & à la gauche des Enfeignes dans le même rang, de manière qu'ils faffent tous quatre, nombre dans la formation des rangs de ce peloton.

Place des drapeaux.

Lorfque le bataillon étant à trois de hauteur, on le rompra par fections, les Enfeignes & leurs Sergens fe placeront tous quatre dans le fecond rang de la dernière fection du peloton, faifant paffer autant d'hommes de cette fection dans l'autre qu'elles y auront laiffé de places vacantes.

Lorfque les Enfeignes devront faluer du drapeau, foit de pied ferme ou en marchant, ils fe placeront, ainfi que leurs Sergens, en avant du centre du cinquième peloton, au même rang que les Lieutenans.

Q U A N D toute l'Infanterie de la garnifon, du quartier ou du camp, devra prendre les armes, tous les Tambours battront *la générale ;* hors ce feul cas, les Tambours des troupes qui devront prendre les armes, commenceront par battre *le premier.*

Affemblée des compagnies & du bataillon.

On battra enfuite *l'affemblée* à l'heure qui fera ordonnée ; alors les Officiers fubalternes affembleront leurs compagnies devant leur quartier ou dans les rues du camp, en feront l'appel & l'infpection, & feront refponfables de ce qui pourroit manquer à leur armement & équipement: ils les rangeront en haie fuivant leur ancienneté, par la droite ou par la gauche felon que les compagnies devront faire la droite ou la gauche d'un peloton ; enfuite ils défigneront ceux qui devront être de piquet, & après avoir fait fortir du rang les Caporaux & les Anfpeffades néceffaires pour garnir la file de la compagnie qui devra être fur le flanc du peloton, ils diviferont le refte en trois parties égales, & commanderont :

1. *Prenez garde à vous, pour former la compagnie.*

2. *Marche.*

3. *Halte.*

Au premier commandement, les Soldats marqués pour le premier rang ne bougeront, & le reste de la compagnie fera à droite si elle est formée par la droite, ou à gauche si elle est formée par la gauche.

Au deuxième, le premier rang marchera deux pas en avant : les Soldats des deux dernières divisions marcheront devant eux, ceux de la troisième division se jetant un peu de côté pour se placer immédiatement derrière le premier rang.

Au troisième, les Soldats des deux derniers rangs s'arrêteront, & feront à gauche ou à droite, pour faire face, de même que le premier rang, s'alignant sur leurs Chefs-de-file.

Ces commandemens étant exécutés, on commandera :

1. *A droite (ou à gauche) faites un quart de conversion.*

2. *Marche.*

Au deuxième commandement, la compagnie ayant fait un quart de conversion, marchera en cet ordre pour se rendre sur le champ de bataille, à la place qui lui est destinée ; le Lieutenant marchant à la tête de la compagnie, le Sous-lieutenant des Grenadiers & l'Enseigne, dans les compagnies où il y en a, à la queue, & les Sergens à la droite ou à la gauche du premier & du troisième rangs, selon que la compagnie sera formée par la droite ou par la gauche.

On observera dans les camps, avant de commander le quart de conversion, de faire faire à droite & à gauche aux deux compagnies du peloton, pour marcher par leur flanc jusque hors des faisceaux ; alors les compagnies se jetteront sur la droite & sur la gauche, afin de prendre le terrein dont elles auront besoin pour se mettre en

bataille

bataille par le quart de converſion ; & dans les camps où
le front du camp ne ſuffiroit pas pour mettre les régimens
en bataille, la compagnie des Grenadiers & les piquets
ſe mettroient en avant des pelotons de la droite & de la
gauche de leur bataillon.

Les compagnies étant arrivées au lieu de l'aſſemblée
générale du bataillon, les Soldats y reſteront repoſés ſur
le fuſil juſqu'à l'arrivée des drapeaux.

Lorſqu'on battra l'aſſemblée, les Commandans des corps
& tous les Capitaines ſe rendront auſſi-tôt au lieu où elle
ſe devra faire. Les Capitaines verront s'il ne manquera
rien à leurs compagnies, & ſi l'inſpection en aura été bien
faite par les Officiers ſubalternes.

DANS les garniſons ou dans les quartiers, l'Officier
major demandera les Soldats commandés pour le piquet,
leſquels ſe mettront auſſi-tôt ſur un rang derrière leurs
compagnies, portant l'arme au bras : & quand l'Officier
major leur fera le commandement de marcher, ils feront
à gauche & fileront derrière le dernier rang pour ſe rendre
à la gauche du bataillon, où les Officiers de piquet les
formeront en arrivant.

*Formation
du piquet &
conduite des
drapeaux.*

Les Enſeignes du bataillon, ou ceux de tous les bataillons d'un même régiment qui feront raſſemblés, ſe
mettront ſur un rang à la tête du piquet, derrière le
Capitaine ; les Sergens deſtinés à leur garde ſe placeront
derrière eux. Les Tambours, à l'exception de deux qui
reſteront à chaque bataillon, ſe formeront ſur pluſieurs
rangs derrière le piquet, ayant la caiſſe ſur l'épaule, le
Tambour-major à leur tête : l'Aide-major ſe tiendra devant
le Capitaine de piquet. Le Capitaine ſe retournant vers
ſon piquet, le chapeau ſur la tête, lui fera les commandemens pour porter le fuſil, & marcher les rangs ouverts
à quatre pas de diſtance.

Il marchera enſuite à la tête de ſon piquet juſqu'au

lieu où feront les drapeaux, le Lieutenant marchant derrière le troifième rang, & le feul Tambour du piquet battant aux champs; il le mettra en bataille vis-à-vis de la porte de la maifon où feront les drapeaux, & fera les commandemens néceffaires pour mettre la bayonnette au bout du fufil & préfenter les armes. Il reftera en cette fituation à la tête de la troupe, le Lieutenant à la gauche, faifant l'un & l'autre obferver le filence, tandis que les Enfeignes entreront avec leurs Sergens dans la maifon pour prendre les drapeaux.

Lorfque les Enfeignes fortiront avec les drapeaux, ils s'aligneront en dehors de la porte, & s'arrêteront un moment vis-à-vis du piquet. Le Capitaine & le Lieutenant de piquet falueront du chapeau les drapeaux, les Sergens ôteront auffi le leur. Les Enfeignes ayant leurs Sergens à côté d'eux, iront enfuite fe placer entre le premier & le fecond rang du piquet, qui s'ouvriront d'avance à la diftance néceffaire. Si l'on conduit les drapeaux de plufieurs bataillons, ils formeront autant de rangs qu'il y aura de bataillons, & dans le même ordre que ces bataillons feront formés, gardant entre eux deux pas de diftance, de manière que les Enfeignes & Sergens du premier bataillon feront au premier rang, ceux du fecond bataillon au dernier, & ceux des troifième & quatrième bataillons dans le centre. Les Tambours fe mettront devant le piquet, l'Aide-major un peu en avant du Capitaine, le Lieutenant repaffera derrière le piquet: alors le Capitaine de piquet commandera à fa troupe de porter les armes & de marcher, & il amènera les drapeaux en cet ordre, dans le lieu où le régiment ou le bataillon fera affemblé; tous les Tambours battant le drapeau, ce qu'ils continueront de faire jufqu'à ce qu'étant arrivés au bataillon ou régiment, le Major leur donne l'ordre de ceffer.

Dans les régimens de plufieurs bataillons, les piquets de chaque bataillon iront alternativement chercher les drapeaux du régiment.

Quand un bataillon aura deux piquets, la compagnie de Grenadiers étant détachée, le second piquet ira chercher les drapeaux.

Quand les compagnies seront séparées, celles qui auront les drapeaux dans leur quartier, les apporteront avec elles au rendez-vous général des compagnies.

Dans les camps, les Enseignes en passant du front de bandière aux faisceaux, avec les deux Sergens commandés pour leur garde, prendront les drapeaux pour les porter à l'endroit indiqué.

A l'approche des drapeaux, le Major fera les commandemens pour faire mettre la bayonnette au bout du fusil & présenter les armes : en même temps, tous les Officiers étant à la tête de leurs troupes, reposés sur l'esponton, ôteront le chapeau de la main gauche; les Sergens ayant la hallebarde sur le bras gauche, l'ôteront de la main droite. Les Enseignes & leurs Sergens fileront devant le front du régiment, pour aller se placer sur une même ligne au centre du cinquième peloton de leur bataillon, un pas en avant du premier rang.

Le piquet qui les aura amenés, retournera à sa place, passant derrière les bataillons; & les Tambours resteront à la droite.

Dès que les Enseignes & le piquet auront pris leur place, le Major fera cesser de battre *le drapeau,* & fera les commandemens pour ôter la bayonnette & porter le fusil.

AVANT l'arrivée des drapeaux, on aura eu soin de diviser chaque peloton en quatre parties égales, qui s'appelleront quarts de rang de peloton, ou demi-rangs de compagnie; un Officier marquera ces divisions dans le premier rang du peloton, deux Sergens les marqueront de même dans le deuxième & le troisième rangs.

Si le nombre des files du peloton ne pouvoit être divisé en quatre parties égales, les deux quarts de rang des aîles feront marqués inégaux, de manière qu'ils faffent enfemble la moitié du peloton, & la plus forte divifion fera toûjours celle de la plus ancienne compagnie du peloton.

Marche. LORSQUE le Commandant aura ordonné que le régiment ou le bataillon fe mette en marche, le Major, après avoir fait ferrer les rangs, le fera rompre par la droite ou par la gauche, felon le côté où il devra marcher, les Officiers marchant à la tête de leurs troupes.

Avant que le bataillon fe rompe, les Enfeignes paf-feront au fecond rang du cinquième peloton, avec les deux Sergens, qui ne les quitteront point.

Lorfque le régiment ou le bataillon marchera, les Tambours (à l'exception de ceux des compagnies de Grenadiers & des piquets, qui refteront chacun fur le flanc de leur troupe) fe partageront en deux bandes, qui fe placeront à côté des compagnies de Grenadiers ou piquets, qui feront à la tête & à la queue du régi-ment ou du bataillon.

Ceux de la tête avec lefquels fera le Tambour-major, fe placeront fur le flanc droit de la colonne, & les autres fur le flanc gauche ; lorfque le terrein ne leur permettra pas d'y marcher, ils fe placeront en avant des Grena-diers qui auront la tête du régiment ou bataillon, & en arrière du piquet, ou des Grenadiers qui fermeront la colonne.

Se mettre en bataille. LE régiment ou le bataillon étant arrivé fur le lieu où il devra fe mettre en bataille pour faire l'exercice, ou pour quelque autre caufe que ce foit, le Major fera appeler pour faire ferrer les rangs, enfuite il fera battre aux champs, & fera marcher jufqu'à ce que les divifions foient à la diftance néceffaire pour fe mettre en bataille.

Si

Si l'on arrive fur le terrein par la gauche, lorfqu'on battra *le drapeau* toutes les divifions feront enfemble un quart de converfion à gauche pour former le bataillon.

Si le régiment arrive fur le terrein par la droite, lorf- que la compagnie de Grenadiers ou le piquet de la droite y fera arrivé, il fera un quart de converfion à droite, & marchera quatre pas en avant, les rangs ferrés: la première divifion continuera à marcher jufqu'à la gau- che des Grenadiers ou du piquet de la droite, fera enfuite un quart de converfion, & marchera quatre pas pour s'aligner : il en fera de même fucceffivement des autres divifions.

Les Tambours de la droite, ainfi que celui de la com- pagnie des Grenadiers qui tiendra la tête de la colonne, battront *le drapeau* quand lefdits Grenadiers feront le quart de converfion. Ceux de la gauche continueront de battre aux champs jufqu'à ce que le piquet ou la com- pagnie de Grenadiers qui fermera la colonne, fe mette en bataille : alors ils battront *le drapeau*, ainfi que le Tambour dudit piquet ou de ladite compagnie de Gre- nadiers. A l'égard des Tambours des Grenadiers & des piquets qui ne feront ni à la tête ni à la queue de la colonne, ils ne commenceront à battre *le drapeau* que quand leur troupe devra faire le quart de converfion. Les Tambours continueront de battre tous enfemble jufqu'à ce que le Major leur faffe le fignal de finir.

Quand le régiment ou le bataillon fera en bataille, tous les Tambours de la droite fe placeront fur deux rangs, à la droite du premier rang; & ceux de la gauche de même à la gauche du premier rang.

Les bataillons d'un même régiment ne garderont point d'intervalle entre eux en fe mettant en bataille.

Si le régiment ou le bataillon doit faire le maniement des armes ou être vû en bataille, le Major, après avoir fait ceffer les Tambours, fera les commandemens néceffaires pour ouvrir les rangs en avant ; & s'il doit être exercé tout de suite aux évolutions, il avertira les Officiers de se placer dans les rangs.

*Renvoi
du régiment
ou bataillon.*

TOUTES les fois qu'un régiment ou un bataillon aura été exercé sur six rangs, on lui fera dédoubler ses files pour le mettre à trois de hauteur avant de le renvoyer ; & s'il a été exercé au feu, on fera l'inspection des armes pour faire décharger celles qui ne le seroient pas.

Quand le Commandant aura donné l'ordre de le renvoyer, le Major le fera rompre par un quart de conversion, & retourner dans le même ordre qu'il sera venu, sans qu'aucun Officier puisse quitter sa troupe avant que les appels soient faits & que les Soldats soient renvoyés.

Les drapeaux feront reconduits de même qu'ils auront été amenés.

DU MANIEMENT DES ARMES.

LE régiment ou le bataillon étant en bataille à rangs ouverts, sur le terrein où il devra faire l'exercice, & les Officiers à la tête de leurs troupes, le Major dira :

*Messieurs les Officiers, on va faire l'inspection
des armes.*

A cet avertissement, les Sergens feront un pas en arrière, & tous les Officiers ayant mis l'esponton sur le bras gauche, se placeront sur la droite ou sur la gauche de leurs troupes, selon qu'elles feront formées par la droite ou par la gauche, le Lieutenant à deux pas de la place qu'occupoit le premier Sergent, & le Capitaine à quatre pas, les Officiers des deux compagnies du même peloton se faisant face les uns aux autres ; & ils examineront avec attention si les Soldats exécuteront avec précision les commandemens qui leur feront faits.

Le Colonel, le Lieutenant-colonel & les Commandans de bataillon se placeront a hauteur du Major, faisant face à leur bataillon, & observeront si tout le monde sera attentif à suivre ce qui sera ordonné.

Personne ne parlera que le Major, pas même pour reprendre le Soldat qui seroit en faute.

COMMANDEMENS POUR L'INSPECTION.

I.

Passez le fusil du côté de l'épée.

En quatre temps : au premier, le Soldat qui portera le fusil dans l'attitude ci-après prescrite au dixième commandement de l'inspection, & au premier du maniement des armes, saisira la crosse du fusil avec la main droite au dessous de la platine, sans remuer le fusil.

Au deuxième, en portant le pied droit en équerre derrière le pied gauche, & faisant un demi à droite sur le talon gauche, il détachera le fusil de l'épaule pour le tenir à plomb, le canon en dehors, entre la tête & l'épaule gauche ; & la main gauche le saisira à la hauteur du menton, le bras droit étendu.

Au troisième, la main gauche laissera tomber la crosse à deux pouces de terre, sur la gauche du pied gauche, & la main droite saisira le canon à deux pouces de son extrémité, vis-à-vis le menton, le canon toûjours en dehors, & l'arme collée au corps.

Au quatrième, on posera la crosse à terre à quatre pouces sur la gauche du pied gauche, de manière qu'elle se trouve sur l'alignement où étoit la pointe des deux pieds lorsque le Soldat faisoit face en tête, les mains ne changeant point de place, le bout du canon vis-à-vis, & à huit ou dix pouces de la cravate, la baguette tournée vers le corps.

2.

Mettez la bayonnette au bout du canon.

En trois temps : au premier, tenant le fusil avec la main gauche, on portera la main droite à la bayonnette entre le corps & le fufil, & on la dégagera du fourreau pour la faifir au deffus de la douille.

Au deuxième, on la portera à un pouce du bout du fufil, à la droite & dans la même direction que le canon, la douille parallèle & à la même hauteur que le canon.

Au troifième, on l'emboîtera dans le canon, & tout de fuite on rejoindra la main droite au bout du fufil.

3.

Mettez la baguette dans le canon.

EN deux temps : au premier, on faifira la baguette avec le pouce & le premier doigt de la main droite, plaçant le pouce alongé le long du gros bout de la baguette, le premier doigt plié & le coude près du corps : on la chaffera tout de fuite à moitié hors des tenons en alongeant le bras droit brufquement de toute fa longueur; puis renverfant la main, on empoignera la baguette près du bout du canon, & achevant de la tirer par un fecond mouvement de bras très-prompt, on la fera tourner, le bras droit tendu, derrière le dos du Soldat qui eft au même rang à la droite, pour la porter brufquement fur le ceinturon, gliffant auffi-tôt la main droite à quatre doigts du gros bout, & tenant la baguette parallèle au canon.

Au deuxième, on la portera de biais au bout du canon, dans lequel on la laiffera tomber, & on reportera auffi-tôt la main droite au bout du fufil.

4.

Tirez vos épées.

EN quatre temps : au premier, quittant le fufil de la main droite on la portera à l'épée, pour la dégager un peu du fourreau, & en même temps ramenant le pied droit à côté du gauche, on redreffera le fufil de la main gauche fans la changer de place, pour le tenir perpendiculaire, la croffe toûjours pofée à terre, & à la même place, la platine en dehors.

Au deuxième, on portera l'épée vis-à-vis l'œil droit, la pointe en haut, la main un demi-pied plus baffe que le menton, & à quatre pouces du corps.

Au troifième, on croifera l'épée fur le fufil, la paffant

fous

fous les deux premiers doigts de la main gauche, qui fe portera en même temps à deux pouces de l'extrémité du fufil, la pointe de l'épée plus élevée d'un pied que la poignée, la coquille à un pouce du canon.

Au quatrième, la main droite tombera pendante fur le côté.

Ces commandemens ayant été exécutés, les Commandans des pelotons, le Capitaine des Grenadiers & celui du piquet, pafferont devant & derrière les rangs de leurs troupes pour vifiter les armes & les cartouches des Soldats, lefquels, à mefure que cet Officier arrivera devant eux, faifiront le bout de la baguette avec le pouce & le premier doigt de la main droite, & l'élevant de trois pouces hors du canon, la laifferont retomber tout de fuite, & porteront auffi-tôt la main droite au porte-cartouche pour en relever la patte, cette vifite ayant principalement pour objet de s'affurer que les armes ne foient pas chargées, & que les cartouches foient bien fournies: quand l'Officier fera paffé, le Soldat laiffera tomber la main droite pendante fur le côté.

Lorfque la vifite étant finie, ces Officiers feront retournés à leur place, le Major commandera:

5.

Remettez vos épées.

EN quatre temps : au premier, on reportera la main droite fur la poignée de l'épée.

Au deuxième, on placera l'épée devant foi, comme au deuxième temps du quatrième commandement; & la main gauche gliffant le long du fufil, qu'elle contiendra entre le bras & l'épaule fans le changer de fituation, faifira le fourreau de l'épée.

Au troifième, on placera la pointe de l'épée dans le fourreau, la faifant entrer d'un pouce.

Au quatrième, on achèvera d'enfoncer l'épée dans le fourreau.

H

6.

Joignez la main droite à vos armes.

En un temps, ramenant le pied droit derrière le gauche & faisant un demi à droite, on placera le fusil & les deux mains dans la position prescrite au quatrième temps du premier commandement.

7.

Remettez la baguette en son lieu.

En deux temps : au premier, saisissant le petit bout de la baguette avec le pouce & le premier doigt de la main droite, on la retirera par deux mouvemens très-vifs, comme il est dit au premier temps du troisième commandement, pour la reporter par le petit bout sur le ceinturon, glissant la main à environ six pouces de l'extrémité.

Au deuxième, on la fera entrer dans le tenon, jusqu'à ce que la main touche le bout du canon; & déployant ensuite le bras, on la poussera avec force pour la faire entrer d'un seul mouvement qui ramènera la main droite au bout du fusil, qu'elle empoignera tout de suite.

8.

Remettez la bayonnette en son lieu.

En deux temps : au premier, on déboîtera d'un seul mouvement la bayonnette du canon, & on la tiendra empoignée comme au deuxième temps du second commandement.

Au deuxième, on la remettra dans le fourreau.

9.

Joignez la main droite au fusil.

En un temps : on reportera la main droite au bout du canon.

10.

Portez le fusil.

En trois temps : au premier, quittant le fusil de la main

droite on l'élevera devant foi de la main gauche, la portant à la hauteur du menton, & on le faifira de la main droite au deffous de la platine, prenant la pofition prefcrite au deuxième temps du premier commandement.

Au deuxième, faifant face en tête & frappant du pied droit pour le ramener à côté du gauche, on portera le fufil de la main droite à plomb vis-à-vis l'épaule gauche, le canon en dehors; on placera en même temps la main gauche à la croffe, les trois derniers doigts fous le talon, le premier doigt fur la vis, & le pouce au deffus.

Au troifième, on appuyera la croffe de la main gauche au deffus du pli de la cuiffe, de manière que le mouvement en foit libre; la foûgarde fe placera en même temps appuyée environ à deux pouces au deffous du défaut de l'épaule, l'arme étant portée de façon que le canon ne penche ni du côté de la tête ni en dehors, le coude gauche près du corps fans être gêné, & en même temps la main droite tombera pendante fur le côté.

L'exercice de l'infpection étant fini, le Major fera faire un roulement, auquel tous les Officiers & Sergens reprendront leur place ordinaire, à la réferve des Commandans.

Il dira enfuite :

Bataillon (ou bataillons) on va faire l'exercice.

Puis il fera les commandemens pour faire ferrer les rangs en avant.

Il fera donner enfuite un coup de baguette : alors tous les Officiers ôteront enfemble leur chapeau de la main droite, ainfi que les Sergens; & ayant remis leur chapeau, les Officiers feront à droite & à gauche. Les Sergens du premier rang ne bougeront, & ceux du dernier rang feront demi-tour à droite.

Enfuite le Major fera appeler, & tous les Officiers & Sergens partiront du pied gauche; favoir, les Sergens du premier rang pour s'avancer cinquante pas en avant du bataillon, faifant marcher devant eux tout ce qui pourroit en embarraffer le front; les Officiers, pour aller, paffant par les intervalles des pelotons, fe placer derrière le bataillon; les Capitaines, à huit pas du dernier rang; les Lieutenans & les Enseignes, à quatre pas; les Sergens de garde aux drapeaux, à côté des Enseignes; & les Sergens de la queue, douze pas en arrière du dernier rang du bataillon.

En passant par l'intervalle des pelotons, les Capitaines marcheront les premiers, & les Lieutenans ensuite : les Enseignes, précédés de leurs Sergens, partiront du second rang du cinquième peloton pour passer à droite & à gauche des quatre Soldats du troisième rang qui sont derrière eux, lesquels feront un pas en arrière pour leur faire place, & se remettront aussi-tôt que les Enseignes auront passé.

Les Sergens des Grenadiers & du piquet qui fermeront la droite & la gauche du régiment ou du bataillon, feront à droite & à gauche en même temps que les Officiers, & ils marcheront de même quand on appellera, pour se placer à douze pas des flancs du régiment ou du bataillon.

Le Colonel, le Lieutenant-colonel & les Commandans de bataillon, resteront en avant du centre à la hauteur du Major : les Aide-majors se tiendront sur les flancs du régiment ou du bataillon.

Alors tous les Tambours ayant fait un demi-quart de conversion pour faire face au Major, viendront en appelant par le chemin le plus court, jusqu'à la hauteur nécessaire, pour que, par un second demi-quart de conversion contraire au premier, ils se trouvent réunis sur un seul rang à quatre pas derrière le Major, le dos tourné au régiment, observant d'arriver ensemble. Ils auront soin, en partant de la place qu'ils occupoient sur le flanc du bataillon, de se former sur un seul rang de chaque côté; ce qu'ils exécuteront en marchant, le premier rang de ceux de la droite faisant le pas oblique à droite, & le second à gauche, & les autres au contraire. Lorsque le Major leur en fera le signal, ils cesseront de battre, & feront en même temps demi-tour à droite pour faire face au régiment.

Les

Les Officiers & Sergens qui auront marché pour prendre leurs poftes, comme il a été dit ci-deffus, refteront arrêtés jufqu'à ce que le Major ait fait ceffer de battre : dans ce moment ils feront un demi-tour à droite pour faire face au régiment, falueront du chapeau, & fe repoferont fur leurs efponton & hallebarde, fans quitter leur place, jufqu'à la fin de l'exercice, & dans un grand filence, obfervant que tous ces mouvemens fe faffent enfemble.

Le Major fera enfuite les commandemens ci-après.

COMMANDEMENS POUR LE MANIEMENT DES ARMES.

I.

Préparez-vous à faire l'exercice.

A ce commandement les Soldats s'ouvriront un peu fur les aîles de leurs pelotons en fe jetant brufquement de côté, & ils auront attention à fe pofter les deux talons fur une même ligne, féparés l'un de l'autre d'environ deux pouces, les épaules effacées, la poitrine en avant, le corps droit & bien à plomb, le fufil porté comme il eft dit au dixième commandement de l'infpection, la tête haute & tournée fur la droite pour partir en même temps que le Soldat de fa droite ; excepté celui de la première file de la droite du bataillon ou du régiment, qui devra regarder attentivement le Major pour partir immédiatement après le dernier mot du commandement lorfque le maniement des armes s'exécutera à la voix, & auffi-tôt après le coup de baguette quand il fera exécuté au fon de la caiffe.

Ils obferveront tous de mettre une feconde entre l'exécution de chaque temps des commandemens qui en ont plufieurs.

Celui qui commandera l'exercice mettra deux fecondes de repos entre la fin de l'exécution d'un commandement

& le commencement du fuivant, & ce même intervalle fera obfervé par les Soldats quand ils feront l'exercice à la muette.

Pour mettre toute la précifion poffible dans ces différens repos, on accoûtumera les Soldats à compter *un, deux,* dans le temps d'une feconde, & à répéter cette formule autant de fois qu'ils auront de fecondes à attendre pour exécuter les mouvemens, fans faire avancer de Soldat hors du rang pour leur fervir de modèle.

Quant à l'exécution des mouvemens, on aura attention que les Soldats y emploient la plus grande vivacité, qu'ils arrivent à l'objet propofé par la voie la plus courte, paffant toûjours leurs armes tout près du corps, fans fouffrir aucuns mouvemens alongés, & qu'à la fin de chaque temps il y ait une ceffation totale de mouvement.

2.

Paffez le fufil du côté de l'épée.

En quatre temps, comme au premier commandement pour l'infpection.

3.

Mettez la bayonnette au bout du canon.

En trois temps, comme au deuxième commandement pour l'infpection.

4.

Portez vos armes.

En trois temps, comme au dixième commandement pour l'infpection.

5.

A droite.

6.

A gauche.

CES deux commandemens s'exécuteront chacun en un temps, en tournant fur le talon gauche, & portant le droit fur la même ligne; ayant attention de garder toûjours le même intervalle de deux pouces entre les deux talons, de ne point laiffer chanceler le corps ni les armes, de ne tourner ni trop ni trop peu, & d'exécuter les mouvemens brufquement fans fauter.

7.

Demi-tour à droite.

8.

Demi-tour à droite.

CES deux commandemens s'exécuteront chacun en trois temps.

Au premier, on portera le pied droit derrière le gauche, les deux talons à quatre pouces de diftance l'un de l'autre.

Au deuxième, on tournera fur les deux talons par la droite, jufqu'à ce que l'on faffe face du côté oppofé.

Au troifième, on reportera le pied droit à côté du gauche fans frapper.

9.

Haut les armes.

EN deux temps : au premier, on portera la main droite fous la platine, fans mouvoir le fufil.

Au deuxième, en retournant le fufil on le portera devant foi entre les deux yeux, le canon en dedans, la main droite embraffant la poignée du fufil près de la foûgarde : on faifira en même temps le fufil de la main gauche, la tenant à la hauteur de la cravate & près de l'extrémité fupérieure de la platine, le pouce alongé le long du bois, le bas de la croffe appuyé contre le ventre.

10.

Apprêtez vos armes.

EN un temps : les Soldats du premier rang mettant le genou droit en terre à trois pouces fur la droite, & dix à douze pouces en arrière du pied gauche, poferont la croffe à terre vis-à-vis le genou, tenant le fufil à plomb, le corps droit & en arrière, & ils armeront en même temps le fufil en portant la main droite au chien, dont ils faifiront l'extrémité avec le pouce & le premier doigt : les Soldats du deuxième rang pafferont le pied droit à trois pouces en équerre derrière le gauche, tournant fur le talon gauche & effaçant le corps à droite : ceux du troifième rang porteront le pied droit trois pouces en arrière de la place qu'il occupoit, fans effacer le corps ; & les Soldats de ces deux derniers rangs armeront en même temps le fufil en mettant le pouce fur le chien.

I I.

En joue.

EN un temps : les Soldats des trois rangs appuyeront la croffe à l'épaule droite, le coude droit ferré ; & ajuftant devant eux, ils placeront le premier doigt dans la foûgarde & le pouce fur la poignée, ceux du premier rang obfervant d'avoir toûjours le corps en arrière.

I 2.

Feu.

EN un temps : on appuyera avec force le premier doigt fur la détente, fans baiffer la tête ni faire aucun autre mouvement ; & auffi-tôt après, le premier rang fe relevant brufquement, on retirera les armes vivement, la main gauche gliffant jufqu'à la capucine, la croffe fous le bras droit, le bout du canon plus élevé d'un pied & demi que le baffinet, la platine vis-à-vis la poitrine, la foûgarde un peu en dehors & à la hauteur du teton droit, le coude gauche collé au corps, les deux premiers doigts & le pouce de la main droite fur le chien, prêt à le mettre en fon repos. A l'égard des pieds, on rapprochera le droit à deux pouces & en équerre derrière le gauche, les trois rangs faifant prefque face à la droite.

I 3.

Mettez le chien en fon repos.

EN un temps : on relevera le chien du fufil avec le pouce & le

& le premier doigt, jufqu'à ce qu'il s'arrête dans le cran du repos, & tout de fuite on remettra la main droite appuyée contre la poignée du fufil.

14.

Prenez la cartouche.

En un temps : on portera brufquement la main au porte-cartouche pour en tirer la cartouche.

15.

Déchirez-la avec les dents.

En deux temps : au premier, on portera la cartouche à la bouche pour la déchirer.

Au deuxième, on la portera brufquement près du baffinet.

16.

Amorcez.

En un temps : tenant la cartouche des deux premiers doigts, le pouce fur l'ouverture, on remplira le baffinet de poudre ; & à la fin du temps on portera la main droite derrière la batterie.

17.

Fermez le baffinet.

En un temps : on fermera le baffinet avec les deux derniers doigts, tenant toûjours la cartouche des deux premiers doigts, & on repofera la main droite derrière la platine, faififfant la poignée entre les deux derniers doigts & la paume de la main.

18.

Paffez vos armes du côté de l'épée.

En trois temps : au premier, on effacera le corps un peu à gauche en rapprochant le pied droit en équerre derrière le gauche, & on portera en même temps le fufil perpendiculaire devant foi, du côté gauche, le canon en

K

dehors, faifant gliffer la main gauche au milieu du canon pour prendre l'attitude prefcrite au fecond temps du premier commandement de l'infpection.

Aux deuxième & troifième, comme aux troifième & quatrième du premier commandement pour l'infpection, excepté que l'on faifira le bout du canon feulement avec les deux derniers doigts de la main droite.

19.

Mettez la cartouche dans le canon.

En un temps : on mettra la cartouche dans le canon, & on faifira en même temps la baguette avec le pouce & le premier doigt, comme il eft dit au premier temps du troifième commandement pour l'infpection.

20.

Tirez la baguette.

En un temps : on tirera la baguette comme il eft dit au premier temps du troifième commandement pour l'infpection.

Quand un Soldat fera tomber par mal-adreffe fa baguette, fon chapeau ou fa bayonnette, en quelque temps de l'exercice que ce foit, il ne la ramaffera point, & il attendra que l'Officier qui commandera l'exercice, donne ordre à un Sergent de le faire.

21.

Bourrez.

En un temps : on portera la baguette brufquement de biais au bout du canon, dans lequel on la chaffera vivement, & on la retirera en même temps pour la reporter par le petit bout fur le ceinturon, comme au premier temps du feptième commandement pour l'infpection.

22.

Remettez la baguette en fon lieu.

En un temps, comme au deuxième du feptième commandement pour l'infpection.

2 3.

Portez vos armes.

En trois temps, comme au dixième commandement pour l'infpection.

2 4.

Préfentez vos armes.

En trois temps, les deux premiers comme au neuvième commandement.

Au troifième, en retirant le pied droit en équerre à deux pouces derrière le gauche, & faifant toûjours face en tête, on abaiffera le fufil à plomb vis-à-vis l'œil gauche, la baguette en avant, le bras droit étendu dans toute fa longueur, & l'avant-bras gauche collé au corps. Les mains ne changeront point de fituation, on abaiffera feulement le pouce de la main gauche derrière le canon.

2 5.

Portez vos armes.

En deux temps : au premier, en frappant du pied droit & le plaçant à côté du gauche, on relèvera le fufil de la main droite, tournant le canon en dehors, & on le placera dans la pofition indiquée au deuxième temps du dixième commandement pour l'infpection.

Au deuxième, comme au troifième temps du même commandement.

2 6.

Paffez vos armes du côté de l'épée.

En quatre temps, comme au premier commandement pour l'infpection.

2 7.

Remettez la bayonnette en fon lieu.

En deux temps, comme au huitième commandement pour l'infpection.

28.

Joignez la main droite au fusil.

EN un temps, comme au neuvième commandement pour l'infpection.

29.

Portez le fusil.

EN trois temps, comme au dixième commandement pour l'infpection.

Le Major fera enfuite les commandemens pour ouvrir les rangs en arrière : les Officiers & Sergens qui font derrière le régiment, fuivront les mouvemens du troifième rang, faifant demi-tour à droite, marchant douze pas, & fe remettant enfuite : les Sergens de Grenadiers & de piquet qui font à la hauteur du troifième rang, feront en même temps à droite ou à gauche pour fuivre auffi le mouvement du troifième rang; après quoi le Major continuera :

30.

Paſſez la platine fous le bras gauche.

EN quatre temps : le premier comme au premier commandement pour l'infpection.

Au deuxième, on portera le fufil de la main droite vis-à-vis l'épaule gauche, le pouce le long du revers de la platine, le canon en dehors; & on l'empoignera de la main gauche à un demi-pied de la partie fupérieure de la platine à la hauteur du menton, ayant le pouce alongé fur la baguette pour la contenir.

Au troifième, on paffera la platine fous le bras gauche, la main droite accompagnant le fufil jufque fous le bras, le bout du canon environ à un pied de terre.

Au quatrième, on laiffera tomber la main droite pendante.

31.

Portez le fusil.

EN trois temps : au premier, on reportera le fufil devant
foi

foi de la main gauche , en le relevant & le faififfant en même temps de la main droite au deffous de la platine, le pouce le long du revers de ladite platine, le canon en dehors, la main gauche à la hauteur du menton.

Au deuxième, on placera la main gauche fous la croffe dans la fituation prefcrite au deuxième temps du dixième commandement pour l'infpection.

Au troifième, comme au dernier temps du même commandement.

32.

Renverfez le fufil.

EN cinq temps : aux deux premiers, comme au neuvième commandement.

Au troifième, en retournant la main gauche & alongeant les bras, on renverfera le fufil, le bout du canon en avant, la croffe paffant entre le bras droit & le corps ; & plaçant le fufil à plomb, la croffe haute entre les deux yeux, le canon en dehors, on l'empoignera tout de fuite de la main droite entre le chien & la croffe.

Au quatrième, on paffera le fufil renverfé fous le bras gauche, gliffant la main gauche le long du canon, de façon que la croffe foit appuyée à l'épaule.

Au cinquième, on détachera la main droite du fufil, la laiffant tomber pendante.

33.

Portez le fufil.

EN quatre temps : au premier, on reportera le fufil devant foi de la main gauche, & l'on joindra tout de fuite la main droite à la même place qu'au troifième temps du commandement précédent.

Au deuxième, la main gauche fe renverfera & retournera le fufil, le bout du canon en avant, pour le placer dans la même pofition qu'au deuxième temps du neuvième commandement.

Au troifième, en retournant le fufil de la main droite, on le placera dans la fituation prefcrite au deuxième temps du dixième commandement pour l'infpection.

L

Au quatrième, comme au troisième du même commandement.

34.

Portez l'arme au bras.

En trois temps : au premier, comme au premier temps du premier commandement pour l'inspection.

Au deuxième, la main gauche quittant la crosse, se placera dans l'habit sur la poitrine, & on appuyera le chien du fusil sur l'avant-bras gauche sans détacher l'arme de l'épaule.

Au troisième, on laissera tomber la main droite pendante.

35.

Portez le fusil.

En trois temps : au premier, on portera la main droite à la poignée du fusil.

Au deuxième, la main gauche se placera sous la crosse, & fixera le fusil dans la position ordinaire.

Au troisième, la main droite tombera pendante.

36.

Reposez-vous sur le fusil.

En quatre temps : les deux premiers comme au neuvième commandement.

Au troisième, portant le fusil de la main gauche au côté droit, on l'empoignera de la main droite à la hauteur du chapeau, le tenant à plomb, la foûgarde en dehors.

Au quatrième, on laissera tomber le fusil à terre, à la droite de la pointe du pied droit, la foûgarde en avant, observant de lever le pied en même temps que le fusil arrivera à terre, & de le replacer aussi-tôt en frappant, & la main gauche tombera pendante sur le côté.

37.

Posez le fusil à terre.

En quatre temps : au premier, en même temps qu'on

tournera le fufil le canon vers le corps, on fera à droite
fur le talon gauche, on placera le pied droit derrière la
croffe du fufil, & on mettra la main gauche derrière le
dos pour faifir la bretelle de la giberne.

Au deuxième, laiffant couler la main jufqu'à la moitié
du canon, on fera un pas de deux pieds en avant du pied
gauche, & en courbant le corps brufquement l'on cou-
chera le fufil par terre la platine en deffus.

Au troifième, on fe relevera en retirant le pied gauche
& tenant le bras droit pendant.

Au quatrième, on tournera fur le talon gauche pour
faire face en tête, le pied droit fe replaçant à côté du
gauche ; & la main gauche quittant la bretelle de la giberne,
tombera pendante fur le côté.

38.

Reprenez le fufil.

EN quatre temps : au premier, on tournera à droite
comme ci-devant, plaçant le pied droit derrière la croffe
du fufil, & la main gauche faifira en même temps la bretelle
de la giberne derrière le dos.

Au deuxième, on fera un pas en avant du pied gauche,
fe courbant pour reprendre le fufil avec la main droite à
la moitié du canon.

Au troifième on fe relèvera, tenant le fufil à côté de
foi le canon vers le corps.

Au quatrième, la main droite gliffant fur le canon pour
le tenir à la même place où elle étoit au quatrième temps
du trente-fixième commandement, retournera le fufil la
foûgarde en avant, la main gauche tombera pendante, &
on tournera à gauche fur le talon gauche, en ramenant le
pied droit à fa place.

39.

Portez le fufil.

EN quatre temps : au premier, on élèvera le fufil de la
main droite en le rapprochant du corps, & la main gauche
le faifira au deffus de la platine.

Au deuxième, on le ramènera devant foi de la main

gauche, la main droite le faisissant sous la platine dans l'attitude prescrite pour faire *haut les armes* au deuxième temps du neuvième commandement.

Les troisième & quatrième, comme les troisième & quatrième temps du trente-troisième commandement.

Le maniement des armes étant fini, si on veut le recommencer, le Major fera les commandemens nécessaires pour serrer les rangs en avant.

Pour exercer le bataillon ou le régiment à d'autres manœuvres, le Major avant de faire serrer les rangs fera faire un roulement, & avertira que c'est pour rappeler les Officiers & les Sergens à leur place.

Il fera ensuite le commandement suivant :

Par pelotons, serrez vos files sur le centre.

Les Soldats, pour l'exécuter, se serreront de droite & de gauche sur le centre de leurs pelotons, en se jetant brusquement de côté.

Lorsque les Tambours appelleront, les Officiers & Sergens partiront ensemble, marchant à même hauteur, pour venir prendre les places qu'ils devront occuper, passant par les intervalles entre les pelotons, & observant que les Lieutenans arrivent les premiers, les Capitaines ensuite, & les Sergens les derniers.

Les Enseignes rentreront dans le second rang de leur peloton, de la même manière qu'ils en seront sortis.

Chaque division des Tambours fera en même temps un demi-quart de conversion, l'une à droite & l'autre à gauche, pour faire face à l'aîle du bataillon qu'elle doit occuper, & ils s'y rendront par le chemin le plus court, observant de se reformer en marchant sur deux rangs de chaque côté par le pas oblique : lorsqu'ils seront arrivés aux aîles du bataillon, ils s'y placeront par un demi-quart de conversion contraire au premier ; & lorsque le Major en fera le signal ils cesseront de battre, & feront face en tête par un demi-tour à droite.

Alors

Alors les Officiers & les Sergens feront tous face en tête & falueront enfemble du chapeau.

Le Major fera enfuite ferrer les rangs en avant & placer les Officiers dans les rangs.

DE LA MARCHE.

ON diftinguera trois fortes de marches, celle que le Soldat fait devant lui en ligne droite, celle qui fe fait en ligne oblique, & la marche de converfion qui fe fait en ligne circulaire. *Trois fortes de marches.*

LA marche devant foi en ligne droite fe fera par trois fortes de pas ; le petit pas, le pas ordinaire & le pas redoublé. *Trois pas en avant.*

LA longueur du petit pas fera d'un pied, & celle des deux autres, de deux pieds; le tout mefuré d'un talon à l'autre. Quant à la durée, celle des deux premiers pas fera d'une feconde, pendant laquelle on fera deux pas redoublés. *Longueur & durée de ces pas.*

LE pas oblique fe fera dans le même efpace d'une feconde ; il fera au plus de dix-huit pouces d'un talon à l'autre, & on le règlera fur le plus ou le moins d'obli-quité de la ligne que l'on aura à parcourir pour arriver fur le lieu vers lequel la marche fera dirigée. *Pas oblique.*

On redoublera le pas oblique comme le pas ordinaire, en faifant deux pas obliques dans l'efpace d'une feconde.

LE pas que chaque Soldat doit faire en marchant en ligne circulaire pour faire un quart de converfion , doit être plus raccourci ou plus alongé felon que celui qui le fait fe trouve plus près ou plus éloigné du Soldat qui foûtient , lequel ne doit que pivoter fur le talon. *Pas de la converfion.*

Pour que la converfion fe faffe régulièrement, il faut que tous les Soldats de la divifion aient toûjours les yeux fur l'Officier qui eft fur le flanc extérieur de la divifion qui tourne, lequel marchera le pas ordinaire ou le pas

M

redoublé, felon qu'il fera ordonné, & qu'ils règlent leur marche fur la fienne, de manière qu'ils lèvent chaque pied en même temps & autant de fois que lui, & qu'ils ne gagnent à chaque pas ni plus ni moins de terrein qu'il eft néceffaire pour fe tenir à même hauteur, & achever enfemble la converfion : ils obferveront auffi de ne point fe féparer en marchant, du Soldat qui eft du côté qui foûtient.

Partir du pièd gauche. — LES Soldats partiront du pied gauche pour toute forte de pas, & ils auront attention en marchant d'avoir les épaules alignées avec celles de leurs camarades.

Forme du pas. — LE pas fe fera en un temps ; la jambe tendue fera portée en avant fans affectation, le pied rafant de près la furface du terrein fur lequel on marchera, & pofant à terre de manière que chaque partie y appuie en même temps.

S'arrêter. — ON accoûtumera les Soldats à s'arrêter au mot *Halte,* & à placer fur le champ le pied qui eft derrière fur le même alignement que celui de devant.

Pofition de la tête en marchant. — LORSQUE le Soldat marchera en avant, il prendra garde à ne fe jeter ni à droite ni à gauche, & il aura la tête un peu tournée vers le centre de fon rang, pour avoir l'œil fur le Commandant du bataillon ou fur l'Officier qui commandera fa divifion.

SI la troupe défile les rangs ouverts, le Soldat en approchant de la perfonne devant laquelle il doit paffer, tournera la tête de fon côté jufqu'à ce qu'il l'ait dépaffée.

SI elle forme le pas oblique, la tête, ainfi que le coup d'œil du Soldat, fe tourneront du côté vers lequel il marchera.

Port du fufil, en marchant le pas ordinaire. — EN toute occafion où le contraire ne fera pas ordonné, les Soldats marcheront le pas ordinaire de deux pieds, portant le fufil dans les cas de parade & d'évolution, hors defquels on leur fera porter l'arme au bras en marchant ;

& cette attitude fera fubftituée à celle de porter le fufil fur le bras gauche & la croffe haute, dans tous les cas où elles ont été ci-devant ordonnées.

Quant aux Caporaux & Anfpeffades qui commanderont des détachemens, ils porteront leurs armes fur le bras gauche, comme les Officiers des Grenadiers.

LORSQU'ON battra la charge, les Soldats marcheront le pas redoublé, portant leurs armes, & ils feront haut les armes lorfque les Officiers porteront l'efponton en avant, ce qui ne leur fera commandé qu'à quinze pas de l'ennemi. *Au pas redoublé.*

On exercera les bataillons à marcher habituellement le pas redoublé étant à fix de hauteur, même jufqu'à quatre ou cinq cens pas de fuite dans toute forte de terrein.

LES rangs étant ferrés, le Soldat occupera environ dix-huit pouces de tout fens; il y aura, pour cet effet, un pied de diftance entre la pointe du pied d'un Soldat & le talon de celui de la même file qui le précède. Quant aux Soldats du même rang, ils n'auront d'autre règle à obferver que de fe ferrer jufqu'à ce que leurs bras fe touchent, fans cependant qu'ils foient trop gênés. *Diftances à rangs ferrés.*

Lorfque l'on marchera en colonne à rangs ferrés, on confervera, d'une divifion à l'autre, un efpace égal à l'étendue du front de chacune de ces divifions; obfervant de compter cette diftance du premier rang de la divifion au premier rang de celle qui la précède.

QUAND on marchera par bataillon à rangs ouverts, on gardera fix pas ordinaires de diftance d'un rang à l'autre. *A rangs ouverts.*

Si le bataillon, étant en colonne à trois de hauteur, ouvre fes rangs pour défiler, les Officiers à la tête de leurs troupes, les rangs obferveront entre eux quatre pas de diftance en quelque divifion que le bataillon foit rompu; & le premier rang d'une divifion partira toûjours, ainfi que les Officiers (qui feront fur un rang à deux pas du Soldat) en même temps que le dernier rang de la divifion précédente, à moins que la diftance entre ces deux rangs ne fe trouvât moindre de dix pas ordinaires, auquel cas le premier rang attendra pour partir, qu'il y ait cette diftance de dix pas entre lui & le dernier rang de la divifion qui précède.

On obfervera ces mêmes diftances entre les rangs & les divifions, non feulement lorfque les bataillons défileront pour fe rendre au terrein des exercices, & lorfque les Officiers devront faluer, mais encore dans les marches, pendant la paix & à l'armée, les Officiers étant à cheval entre les divifions.

Quand le bataillon fera en colonne à trois de hauteur, les Officiers à la droite & à la gauche des pelotons, fi on lui fait ouvrir les rangs, ils ne mettront entre eux que deux pas de diftance en quelque divifion que le bataillon foit rompu, & les premiers rangs de chaque divifion partiront tous en même temps afin que la colonne ne s'alonge point.

Si le bataillon étant rompu à fix de hauteur, on veut lui faire ouvrir les rangs, on fera garder la même diftance de deux pas entre chaque rang, auffi-bien qu'entre les Officiers de ferre-file qui refteront collés au dernier rang de leurs divifions, & ceux qui font à la tête des divifions fuivantes, lefquels marcheront éloignés auffi de deux pas de leur premier rang : fi cependant le front des divifions étoit tel que tous les rangs pûffent s'ouvrir fans alonger la colonne, tous les Officiers de la tête des divifions partiroient enfemble, & conferveroient entre eux & ceux qui les précèdent, la diftance qui s'y trouveroit.

Paffage du défilé.

LORSQU'UNE troupe étant en marche, il fe trouvera quelqu'empêchement qui ne permettra pas au front de la divifion de paffer en entier, fi le paffage eft fur la droite, les hommes de la gauche de chaque rang,

qui

qui ne pourront marcher devant eux, fileront derrière la droite de leur rang. La même chose s'obfervera par ceux de la droite des rangs, fi le défilé eft fur la gauche; & quand le défilé fe trouvera au centre, les hommes du centre du rang pafferont les premiers, & ceux de la droite & de la gauche filant derrière le centre, pafferont enfuite.

Ce mouvement fe commencera dans chaque divifion quelques pas avant qu'elle entre dans le défilé; & au fortir du défilé, les parties de rang qui auront été rompues, doubleront le pas pour s'y rejoindre, afin qu'il n'y ait point de retardement à la marche de ceux qui les fuivent, & que chaque divifion conferve toûjours fa même profondeur fans l'augmenter.

Lorsqu'en marchant fur trois ou fix rangs ouverts, il s'agira de faire un quart de converfion, l'Officier qui conduira chaque divifion lui commandera, *ferrez vos rangs;* auffi-tôt les derniers rangs ferreront par le pas redoublé fur le premier, qui continuera de marcher le pas ordinaire; l'Officier ayant attention de faire ce commandement affez à temps pour que le dernier rang ait achevé de ferrer au moment que le premier rang arrivera fur le lieu où la divifion devra tourner : alors l'Officier dira, *marche,* en faifant figne à l'aîle qui doit tourner, & les rangs feront enfemble légèrement le quart de converfion, obfervant de fuivre leurs chefs de file. Dès que le quart de converfion fera fait, l'Officier faifant figne au pivot de partir, les rangs continueront de marcher ferrés jufqu'à ce que le dernier rang ayant dépaffé le lieu fur lequel la divifion aura tourné, l'Officier commandera, *ouvrez vos rangs;* & alors le premier rang continuant de marcher, les autres rangs s'arrêteront pour prendre fucceffivement les mêmes diftances qu'ils avoient avant de tourner.

Quart de converfion en marchant.

Ces commandemens faits à une divifion, n'influeront en rien fur la marche de la divifion fuivante, qui obfervera de ne point ralentir fon pas.

N

Place des Grenadiers & du piquet en marchant.

LE bataillon marchant en bataille, la compagnie de Grenadiers & le piquet conferveront leur place à la droite & à la gauche du bataillon.

Quand il marchera par demi-rangs, la compagnie de Grenadiers marchera avec le premier demi-rang, & le piquet avec le fecond demi-rang.

Si le bataillon marche par tiers de rang ou par pelotons, la Compagnie des Grenadiers & le piquet feront chacun leur divifion particulière à la tête & à la queue du bataillon.

Se remettre en bataille.

LORSQU'APRÈS avoir marché à rangs ouverts, on voudra fe remettre en bataille, fi la colonne occupe plus de terrein que le bataillon n'en doit avoir étant formé, le Major avertira les Officiers de la tête de la colonne de ne marcher que le petit pas jufqu'à nouvel ordre, & il ordonnera aux Tambours d'appeler.

A ce fignal, les premiers rangs de chaque divifion, excepté de la première, continueront de marcher le pas ordinaire, les autres rangs ferreront fur le premier, par le pas redoublé.

Lorfque les rangs feront ferrés, le Major fera battre aux champs, & toutes les divifions, excepté la première, continueront de marcher le pas ordinaire jufqu'à ce qu'elles foient arrivées à la diftance néceffaire pour fe mettre en bataille ; ce qui s'exécutera lorfque le Major fera battre au drapeau.

Si la colonne n'eft pas plus étendue que ne doit l'être le front du bataillon, la tête de la colonne ne ralentira pas fa marche ; & auffi-tôt que les rangs feront ferrés, le Major pourra faire battre *au drapeau.*

DES MANŒUVRES PAR RANGS
ET PAR FILES.

Ouvrir
les rangs.

LORSQU'UN bataillon étant en bataille fur trois rangs ferrés, on voudra les faire ouvrir, on fera les commandemens fuivans :

1. *Prenez garde à vous pour ouvrir les rangs en avant.*

2. *Marche.*

3. *Halte.*

LE premier commandement ne fervira que d'avertiffement.

Au deuxième commandement, le premier rang partira feul marchant le pas ordinaire ; le fecond rang partira au feptième pas du premier rang ; le troifième rang ne bougera fi le bataillon doit s'arrêter ; mais fi le bataillon doit marcher, le troifième rang partira au feptième pas du fecond rang.

Au troifième commandement, les trois rangs s'arrêteront enfemble fi le bataillon marche ; mais s'il ne devoit pas marcher, le Major aura attention de commander *halte* quand le fecond rang formera fon fixième pas.

Pour faire ouvrir les rangs, le bataillon étant rompu ; fi les rangs doivent prendre quatre pas de diftance, le deuxième rang ne partira qu'au cinquième pas du premier rang, & le troifième au cinquième pas du fecond.

Lorfque les rangs ne devront prendre que deux pas de diftance, le deuxième rang partira au troifième pas du premier, le troifième au troifième pas du fecond, & ainfi des autres.

Pour faire ouvrir les rangs en arrière, on commandera :

1. *Prenez garde à vous pour ouvrir les rangs en arrière.*

2. *Que le premier rang ne bouge.*

3. *Demi-tour à droite.*

4. *Marche.*

5. *Halte.*

6. *Remettez-vous.*

Au troisième commandement, les deux derniers rangs feront demi-tour à droite.

Au quatrième, le troisième rang partira seul, & le second rang partira au septième pas du troisième rang.

Au cinquième commandement, les deux derniers rangs s'arrêteront; le Major ayant soin de faire ce commandement lorsque le second rang formera son sixième pas.

Au sixième, ils se remettront par un demi-tour à droite.

Lorsque le bataillon étant en bataille à six de hauteur on voudra lui faire ouvrir les rangs, soit en avant ou en arrière, l'on se servira des mêmes commandemens, & les rangs s'ouvriront de la même manière; avec cette seule différence, qu'ils ne prendront entr'eux que quatre pas de distance.

Serrer les rangs. LE bataillon étant en bataille sur trois ou sur six rangs ouverts, on les fera serrer en arrière, en commandant:

1. *Prenez garde à vous pour serrer les rangs en arrière.*

2. *Que le dernier rang ne bouge.*

3. *Demi-tour à droite.*

4. *Marche.*

5. *Remettez-vous.*

Au troisième commandement, tous les rangs, excepté le premier, feront demi-tour à droite.

Au quatrième, ils marcheront jusqu'à ce qu'ils se soient approchés du dernier, chacun à la distance d'un pied ci-devant prescrite.

Au cinquième, ils se remettront par un demi-tour à droite.

Pour faire serrer les rangs en avant, on commandera:

1. *Prenez*

1. *Prenez garde à vous pour serrer les rangs en avant.*

2. *Que le premier rang ne bouge.*

3. *Marche.*

LES deux premiers commandemens ne serviront que d'avertissement.

Au troisième, les derniers rangs marcheront jusqu'à ce que chaque rang soit à la distance prescrite.

POUR augmenter la profondeur du bataillon en diminuant son front, on commandera : *Doubler les files en avant.*

1. *Prenez garde à vous pour doubler vos files.*

2. *Ouvrez vos rangs.*

3. *A droite & à gauche par quart de rang de peloton (ou par demi-rang de compagnie) doublez vos files en avant.*

4. *Marche.*

5. *Halte.*

6. *Serrez vos divisions.*

7. *Marche.*

Au deuxième commandement, le premier rang marchera deux pas ordinaires, & le deuxième un pas ; le troisième ne bougera.

Au quatrième, les quarts de rang de chaque peloton (ou demi-compagnies) qui sont aux aîles, après avoir fait deux pas ordinaires en avant, viendront par le pas oblique se placer devant les quarts de rang du centre qui les joignent, lesquels marcheront en même temps le petit pas ; & lorsque les quarts de rang des ailes s'étant réunis couvriront ceux du centre, ils marcheront avec eux le petit pas en avant ; les Officiers iront en même temps au pas redoublé occuper les places qui leur sont prescrites, la troupe étant à six de hauteur.

Au cinquième commandement, le bataillon s'arrêtera.

Au septième, les trois pelotons de la droite du bataillon

feront le pas oblique à gauche; les trois autres le feront à droite, & à mesure qu'ils se réuniront sur le centre, ils marcheront en avant le petit pas.

La compagnie des Grenadiers & le piquet devant rester sur trois rangs, ne les ouvriront pas au deuxième commandement, mais marcheront deux pas ordinaires avec le premier rang du bataillon.

Au quatrième & au septième commandement, ils suivront par le pas oblique le mouvement des compagnies contigues.

Dédoubler les files en avant. POUR dédoubler les files, & rendre au bataillon le front qu'il avoit précédemment, on commandera:

1. *Prenez garde à vous pour dédoubler vos files.*
2. *Marche.*
3. *Halte.*

AU deuxième commandement, les trois pelotons de la droite du bataillon formeront le pas oblique à droite, & les trois pelotons de la gauche le formeront à gauche. Lorsque les onzième & douzième compagnies auront laissé entr'elles la place nécessaire pour les deux files de leurs Officiers, les premier, troisième & cinquième rangs de ces compagnies quitteront le pas oblique pour marcher le petit pas en avant : quand les deuxième, quatrième & sixième rangs de ces mêmes compagnies auront par le pas oblique dépassé la droite & la gauche de leurs rangs impairs, ils se placeront à côté d'eux par le pas ordinaire pour former un même rang, & continueront de marcher ensuite le petit pas en avant; en même temps que ceux ci quitteront le pas oblique, les rangs pairs des cinquième & sixième compagnies le quitteront aussi, & marcheront le petit pas jusqu'à ce que leurs rangs impairs les ayant découverts par le pas oblique, ils viendront se placer à côté d'eux par le pas ordinaire, & pour lors les cinquième & sixième pelotons entiers marcheront le petit pas en avant. Chacun des autres pelotons dédoublera dans le même ordre, observant que les rangs impairs des dernières compagnies de chaque peloton ne doivent commencer à marcher le petit pas en avant, que quand après le dédoublement du peloton voisin ils auront laissé à côté d'eux la place nécessaire pour les Officiers.

Les Officiers qui doivent occuper la droite & la gauche des compagnies, entreront dans les rangs à mesure qu'ils verront que les pelotons qui auront dédoublé formeront à côté d'eux la place nécessaire pour les recevoir.

Les deux derniers rangs de chaque peloton serreront sur le premier par le pas ordinaire, lorsque le dédoublement du peloton sera fini.

Les Grenadiers & le piquet suivront le mouvement des pelotons des aîles.

Le Major ne commandera *Halte,* que quand il verra tous les pelotons dédoublés.

LORSQUE le terrein ne permettra pas de marcher en avant pour doubler les files, on les doublera sur le même alignement, & pour cet effet on commandera : *Doubler les files sur le même alignement.*

1. *Prenez garde à vous pour doubler vos files sur le même alignement.*

2. *Quarts de rang de peloton (ou demi-rangs de compagnies) prenez vos distances.*

3. *Marche.*

4. *A droite & à gauche.*

5. *Marche.*

Au troisième commandement, dans les demi-rangs de compagnie qui font aux aîles des pelotons, le premier rang marchera trois pas en avant, le deuxième rang deux pas, & le troisième rang un pas : dans les demi-rangs de compagnies qui font au centre des pelotons, le premier rang marchera deux pas, le second rang un pas, le troisième ne bougera.

Au quatrième commandement, les Soldats des trois pelotons de la droite du bataillon feront à gauche, & ceux des trois pelotons de la gauche feront à droite, pour faire face au centre du bataillon.

Au cinquième commandement, les Officiers qui feront dans les rangs en sortiront pour aller par le pas redoublé occuper les places qui leur font prescrites, les troupes étant à fix de hauteur ; en même temps les demi-rangs de compagnies du centre de chaque peloton marcheront au pas ordinaire, & les demi-rangs de l'aîle de la première compagnie, au pas redoublé : les demi-rangs de l'aîle de la seconde compagnie ne bougeront, jufqu'à ce que les demi-rangs du centre étant couverts tous les pelotons marcheront enfemble le pas ordinaire vers le centre du bataillon, & à mefure que chaque peloton fe trouvera réuni à celui qu'il doit toucher, l'Officier qui le commande le fera arrêter en difant *Halte*, & tout de fuite lui fera faire face en tête, en lui commandant *à droite* ou *à gauche*.

Quant aux Grenadiers & au Piquet, ils feront trois pas en avant au troifième commandement, fans ouvrir leurs rangs ; au quatrième, ils feront à droite & à gauche vers le centre du bataillon ; au cinquième, ils marcheront le pas ordinaire en fuivant les pelotons qui les touchent ; & les Officiers qui les commandent leur feront faire halte & face en tête immédiatement après que ces pelotons l'auront fait.

Dédoubler les files fur le même alignement. POUR dédoubler les files de la même manière, quand le terrein ne permettra pas de marcher en avant, on commandera :

1. *Prenez garde à vous pour dédoubler vos files fur le même alignement.*

2. *A droite & à gauche.*

3. *Marche.*

AU deuxième commandement, les trois pelotons de la droite du bataillon feront à droite, & les trois pelotons de la gauche feront à gauche.

AU troifième, tous les pelotons fe mettront en mouvement au pas ordinaire vers les aîles du bataillon. Lorfque les onzième & douzième compagnies auront laiffé entre elles la place néceffaire pour les deux files de leurs Officiers, les premier, troifième & cinquième rangs de ces compagnies qui devront former le demi-rang des aîles, feront halte au commandement du Commandant de leur peloton ; les deuxième, quatrième & fixième rangs de ces compagnies ayant dépaffé leurs rangs impairs, s'arrêteront pareillement, ainfi que ceux des cinquième & fixième compagnies, dont les rangs impairs continueront de marcher jufqu'à ce qu'ils aient dépaffé leurs rangs pairs : alors les Commandans des cinquième & fixième pelotons leur feront faire à droite

& à

& à gauche & ferrer les rangs, les quarts de rang du centre s'alignant fur ceux des aîles, & les Officiers qui doivent occuper la droite & la gauche du rang, s'y rendront au pas redoublé.

Les autres pelotons feront fucceffivement la même manœuvre.

Les Grenadiers & le piquet qui auront fait à droite & à gauche au deuxième commandement, de même que les pelotons, marcheront de même au troifième commande-ment; & lorfque le premier & le deuxième pelotons auront dédoublé, les Officiers qui commanderont les Grenadiers & le piquet, leur feront faire halte & face en tête par un à droite & un à gauche.

POUR border la haie, on commencera par faire ouvrir les rangs en arrière, afin de prendre des diftances proportionnées au front de chaque compagnie. *Border la haie.*

Après cette difpofition, on commandera :

1. *Demi-tour à droite.*

2. *A gauche & à droite par compagnie, bordez la haie.*

3. *Marche.*

4. *Remettez-vous.*

AU premier commandement, les Soldats feront demi-tour à droite.

Au troifième, chaque rang des compagnies de la droite des pelotons, fera à gauche un quart de converfion, & ira s'appuyer à la file droite du rang fuivant, devenue file de la gauche par le demi-tour à droite, & chaque rang des compagnies de la gauche des pelotons, fera le même mouvement par un quart de converfion à droite.

Au quatrième, les deux compagnies du peloton fe feront face en fe remettant par un demi-tour à droite.

Lorfqu'on voudra remettre les compagnies en bataille, on leur fera former les rangs par des mouvemens con-traires à ceux qu'ils auront faits pour border la haie.

P

DES ÉVOLUTIONS
pour rompre & reformer les bataillons.

ON n'exercera jamais les troupes qu'on ne les fasse manœuvrer également sur trois & sur six rangs.

ON fera rompre les bataillons par la droite & par la gauche, par deux compagnies couplées que l'on appellera pelotons, par deux pelotons que l'on appellera tiers de rang, & par trois pelotons que l'on appellera demi-rangs.

On ne fera rompre le bataillon par compagnies appelées sections, que lorsque le bataillon étant sur trois rangs & devant défiler dans un lieu étroit, on ne prévoira pas qu'il puisse y passer plus d'une demi-compagnie de front.

Toutes les fois qu'on fera rompre un bataillon, on le fera se reformer par les mouvemens contraires.

Pour cet effet, on commandera :

1. *A droite* (ou *à gauche*) *par pelotons* (ou *par tiers de rang, par demi-rangs*) *rompez le bataillon.*

2. *Marche.*

3. *Halte.*

LE premier commandement avertira du côté par lequel le bataillon devra se rompre, & du nombre de divisions qu'il devra former en se mettant en colonne.

Au deuxième, toutes les divisions s'ébranleront à la fois (à moins que le contraire ne soit ordonné) faisant marcher leurs gauches ou leurs droites, & soûtenir leurs droites ou leurs gauches.

Au troisième, les divisions s'arrêteront où elles se trouveront.

1. *A gauche* (ou *à droite*) *par pelotons* (ou

par tiers de rang, par demi-rangs)
reformez le bataillon.

2. *Marche.*

3. *Halte.*

LE premier commandement fera pour avertir quand il se fera à la voix; mais fi c'eft au fon de la caiffe, on formera le bataillon dès que les Tambours commenceront à battre aux drapeaux.

Au deuxième, on fera marcher les droites ou les gauches des divifions, tandis que les gauches ou les droites ne bougeront; & le bataillon fe trouvant en bataille, marchera en avant jufqu'au troifième commandement, auquel il s'arrêtera.

TOUTES les fois que l'on rompra le bataillon, auffi-tôt *Place des* que le Major en aura fait l'avertiffement, le premier *Officiers en* Officier de chaque divifion s'avancera d'un pas en avant *rompant.* du centre de fon premier rang, ou de celui que formeront les Officiers, d'où il la conduira; obfervant de conferver toûjours en marchant, les diftances prefcrites au titre de la marche.

Lorfque les divifions fe remettront en bataille, cet Officier fe replacera où il étoit avant que le bataillon fût rompu.

Les Colonels, Lieutenant-colonels ou Commandans de bataillons, marcheront toûjours à la tête du cinquième peloton de leur bataillon lorfqu'il fera rompu.

L'on fera marcher le bataillon, étant ainfi rompu, tant à rangs ouverts qu'à rangs ferrés.

LORSQU'UN régiment ou bataillon devra fe rompre *Rompre le* par la droite pour marcher vers la gauche, ou par la *bataillon pour* gauche pour marcher vers la droite, les divifions partiront *marcher du* fucceffivement & marcheront devant elles. *côté oppofé.*

Pour cet effet, le Major ayant averti de quel côté le mouvement devra fe faire, fera les commandemens fuivans.

1. *En avant par peloton (tiers de rang ou demi-rang) rompez le bataillon.*

2. *Marche.*

A ce dernier commandement, la compagnie de Grenadiers (ou le Piquet) marchera en avant jufqu'à la diftance qui aura été défignée, & fera enfuite un quart de converfion à gauche ou à droite au pas redoublé, pour paffer devant le front du régiment ou bataillon.

Lorfque la compagnie de Grenadiers aura fait deux fois autant de pas que la première divifion en occupe par l'étendue de fon front, celle-ci fe mettra en mouvement au commandement de fon Officier, marchera en avant jufqu'à la même hauteur que la compagnie de Grenadiers, & fera comme elle un quart de converfion au pas redoublé pour prendre rang dans la colonne, & ainfi des autres divifions, chacune ayant la même attention de ne partir que lorfque la divifion qui la doit précéder aura fait deux fois autant de chemin qu'elle occupe de terrein en bataille, de forte que fi elle a feize hommes de front, elle ne partira qu'au vingt-cinquième pas de la divifion qui la précède.

Si l'on doit marcher ainfi à rangs ouverts, le Major en avertira; & au commandement de *marche,* le premier rang des Grenadiers (ou du Piquet) partira feul, & les autres rangs partiront au cinquième ou au troifième pas de ceux qui les précèdent, fuivant ce qui a été prefcrit au titre de la marche.

Le premier rang de chaque divifion obfervera auffi avant de partir, les diftances qui ont été établies au même titre de la marche entre les divifions, lorfqu'on marche à rangs ouverts, en y ajoûtant, dans tous les cas, un nombre de pas double de celui qu'occupe le front de la divifion.

Doubler les divifions en marchant. Si, le bataillon marchant en colonne, on veut augmenter fon front, on doublera ou triplera les divifions fuivant les méthodes fuivantes.

1. *Prenez garde à vous pour doubler les divifions.*

2. *Marche.*

Au deuxième commandement, toutes les divifions paires marchant

marchant le pas oblique, fe jetteront fur leur gauche ; &
lorfque leur file droite fe trouvera à la hauteur de la gauche
des divifions impaires qui les précèdent, & qui auront conti-
nué de marcher devant elles au petit pas, elles iront s'y
joindre par le pas redoublé ; & quand elles s'y feront
rejointes, elles continueront de marcher enfemble le pas
ordinaire.

On fera dédoubler les divifions, en commandant :

1. *Prenez garde à vous divifions, pour vous
dédoubler.*

2. *Marche.*

Au deuxième commandement, les divifions impaires
qui font à la droite, continueront de marcher devant elles,
& les divifions paires qui ont doublé fur la gauche, fe
jetteront fur leur droite par le pas oblique, pour aller
fe placer derrière les impaires ; obfervant que la divifion
paire doit attendre pour partir que le dernier rang de la
divifion impaire ait dépaffé fon premier rang.

Cet ordre fera renverfé, comme il a déjà été obfervé,
dans les bataillons rangés de gauche à droite, lefquels
devront marcher par leur gauche.

Pour augmenter encore davantage fon front, on *Tripler les*
triplera les divifions quand le bataillon fera rompu par *divifions en*
tiers de rang ou par pelotons, en commandant : *marchant.*

1. *Prenez garde à vous pour tripler les divifions.*

2. *Marche.*

Si le bataillon eft rompu par tiers de rang, la première
divifion compofée du premier & du troifième pelotons,
marchera le pas oblique fur fa droite : la deuxième divifion
compofée des cinquième & fixième pelotons, continuera
de marcher en avant au petit pas, jufqu'à ce que la gauche
de la divifion précédente étant à la hauteur de fa droite,
elle marchera au pas ordinaire pour l'aller joindre ; & elles
marcheront enfemble au petit pas, jufqu'à ce que la troifième
les ait jointes. Cette dernière divifion qui fera compofée
du deuxième & du quatrième pelotons, marchera le pas
oblique fur fa gauche, jufqu'à ce que fa droite fe trouve à la

hauteur de la gauche de la divifion précédente : elle marchera alors le pas redoublé pour la rejoindre, de manière que les trois divifions étant arrivées fur la même ligne, le bataillon fe trouvera en bataille & marchera le pas ordinaire.

En même temps que le bataillon exécutera ce mouvement, la compagnie de Grenadiers qui fera à la tête de la première divifion, marchera à droite plus obliquement pour prendre la droite du bataillon ; & le piquet qui fera à la queue de la troifième divifion, marchera pareillement fur la gauche pour prendre la gauche du bataillon.

Si le bataillon eft rompu par pelotons, la première divifion formée par le premier peloton, marchera le pas oblique fur la droite : la feconde divifion formée par le troifième peloton, marchera en avant pour aller fe placer à la gauche du premier ; & la troifième divifion formée par le cinquième peloton, marchera le pas oblique à gauche, pour aller joindre fa file droite à la file gauche du troifième peloton. Ce mouvement fait, ces trois pelotons formeront un demi-rang.

Les trois divifions fuivantes formeront un fecond demi-rang dans l'ordre fuivant : la première formée par le fixième peloton, marchera le pas oblique à droite, pour aller fe placer derrière le premier peloton : la deuxième formée par le quatrième peloton, continuera à marcher devant elle ; & la troifième formée par le deuxième peloton, marchera le pas oblique fur la gauche, pour aller fe mettre fur la gauche du quatrième peloton.

La compagnie de Grenadiers & le piquet marchant encore plus obliquement que les pelotons, iront fe placer, les Grenadiers à la droite du premier demi-rang, & le piquet à la gauche du fecond demi-rang.

Pour faire remettre ces mêmes divifions en colonne, comme elles étoient auparavant d'avoir été triplées, on commandera :

1. *Prenez garde à vous divifions, pour vous remettre en colonne.*

2. *Marche.*

Au deuxième commandement, fi le bataillon eft en bataille, la compagnie des Grenadiers, après avoir fait trois pas ordinaires en avant, marchera le pas oblique à gauche.

Les deux pelotons de la droite feront enfuite trois ou fix pas en avant felon qu'ils feront formés fur trois ou fur fix rangs, & marcheront le pas oblique à gauche : ceux du centre marcheront en avant le petit pas ; & les deux pelotons de la gauche, ainfi que le piquet, marcheront fucceffivement le pas oblique à droite.

Si le bataillon eft fur deux demi - rangs, la compagnie de Grenadiers, le premier peloton & le fixième, marcheront le pas oblique à gauche : le troifième peloton & le quatrième marcheront devant eux au petit pas ; le cinquième & le deuxième, ainfi que le piquet, marcheront le pas oblique à droite.

Pour exécuter ce mouvement, il eft néceffaire que chaque divifion attende, pour partir, que celle qui la doit précéder ait gagné en avant la diftance qui doit être entre elles.

L E régiment ou le bataillon étant en bataille à rangs *Quarts de* ferrés, on lui fera faire des quarts de converfion à droite *converfion.* & à gauche, tant au régiment entier qu'à chaque bataillon féparément, par les commandemens fuivans.

>   1. *A droite (*ou *à gauche) par bataillon (*ou *par régiment) faites un quart de converfion.*
>
>   2. *Marche.*
>
>   3. *Halte.*

A u deuxième commandement, tout le bataillon, ou le régiment, fe mettra en mouvement du pied gauche, de quelque côté que la converfion fe faffe, obfervant ce qui eft prefcrit à cet égard au titre de la marche.

L E S commandemens pour la converfion centrale par *Converfion* bataillon, feront : *centrale.*

>   1. *Prenez garde à vous bataillon, pour faire la converfion centrale.*
>
>   2. *Demi-rang de la droite, demi-tour à droite.*
>
>   3. *A droite par demi-rang, faites un quart de converfion.*

4. *Marche.*

5. *Halte.*

6. *Remettez-vous.*

Au deuxième commandement, le demi-bataillon de la droite fera demi-tour à droite.

Au quatrième, chaque demi-bataillon marchera par son aîle gauche, & les déux hommes du centre du premier rang du bataillon tourneront l'un fur l'autre fans fe quitter.

Au cinquième, tout le bataillon s'arrêtera.

Au fixième, le demi-bataillon de la droite fera demi-tour à droite, & fur le champ on fera dreffer & aligner les rangs.

Lorfqu'on fera la converfion centrale du bataillon par la gauche, l'aîle gauche fera demi-tour à droite & fe remettra auffi par un demi-tour à droite.

Mettre & ôter la bayonnette avant & après les évolutions. Les Soldats, pour toutes fortes d'évolutions, ainfi que pour l'exercice du feu, mettront toûjours la bayonnette au bout du fufil; pour cet effet le Major commandera :

Mettez la bayonnette au bout du canon.

Ce commandement s'exécutera en fept temps, qui feront les mêmes que ceux prefcrits aux premier & deuxième commandemens pour l'infpeûion.

Le Major fera enfuite le commandement pour porter les armes.

Lorfqu'après les exercices l'on devra remettre la bayonnette, le Major commandera :

Remettez la bayonnette en fon lieu.

Les Soldats l'exécuteront en fept temps :

Les quatre premiers comme au premier commandement pour l'infpeûion, & les trois autres comme au huitième & au neuvième commandement pour l'infpeûion.

Après quoi le Major fera porter le fufil.

DE

DE LA COLONNE.

ON ne formera la colonne qu'avec deux bataillons fur fix rangs; pour cet effet, les régimens d'un bataillon fe joindront deux enfemble, & ceux de quatre bataillons formeront deux colonnes.

POUR former la colonne d'attaque, le Major ayant fait le calcul de la force des deux bataillons, en y comprenant leurs piquets, avertira les Commandans des pelotons de les égalifer en les mettant à un même nombre de files, lequel il fixera, & chaque Commandant de peloton en fera informer les Officiers de ferre-file. *Colonne d'attaque.*

Auffi-tôt après que cet avertiffement aura été fait, les Capitaines des piquets leur feront faire demi-tour à droite, marcher huit pas en arrière, & faire enfuite à droite & à gauche pour aller fe difperfer derrière leur bataillon, chaque Soldat à portée de fa compagnie.

Les Commandans des pelotons dont le nombre des files excèdera celui que le Major aura fixé, feront paffer cet excédent derrière le fixième rang; & dans les pelotons qui auront moins de files qu'il n'aura été ordonné, les Officiers de ferre-file feront entrer le nombre de Soldats néceffaire pour les compléter, prenant de préférence ceux de leur peloton qui étoient de piquet, & après eux ceux des compagnies les plus voifines qui ne feront point employés.

Pendant cette opération le Major fera ouvrir les bataillons à droite & à gauche, autant qu'il fera néceffaire pour faire place aux files qui devront être introduites dans les pelotons.

A l'égard des Soldats furnuméraires qui n'auront point été admis dans les pelotons, dès que le Major fera les commandemens ci-après, ils feront à droite & à gauche pour aller fe former fur trois rangs au centre de l'intervalle

R

des bataillons ; ils feront commandés par un Lieutenant s'ils ne font pas plus de trente hommes, & par un Capitaine avec un Lieutenant s'ils font en plus grand nombre, & ces Officiers feront de ceux qui étoient auparavant de piquet, les autres retournant à leurs compagnies.

Cette première difpofition étant faite, le Major commandera :

1. *Prenez garde à vous pour former la colonne d'attaque.*

2. *Je parle aux premiers pelotons.*

3. *Marche.*

A ce dernier commandement, les premiers pelotons de chacun des deux bataillons marcheront en avant huit pas redoublés, puis faifant à droite & à gauche ils viendront le long du front des bataillons fe réunir vis-à-vis le centre de leur intervalle, où s'étant joints ils feront face à leur premier rang & marcheront en avant pour former la tête de la colonne.

Les troifièmes pelotons formeront de même huit pas redoublés en avant auffi-tôt que les premiers auront paffé devant eux, ils feront enfuite à droite & à gauche, & viendront le long du front de leur bataillon pour fe réunir & prendre rang dans la colonne derrière les premiers pelotons.

Cette manœuvre fe fera fucceffivement par les cinquième, fixième, quatrième & deuxième pelotons ; mais ces derniers qui devront fermer la colonne ne marcheront point en avant, & feront feulement à droite & à gauche lorfque les quatrièmes pelotons pafferont devant eux.

On pourra, fi on le juge à propos, faire paffer les pelotons derrière le fixième rang des bataillons, pour aller fe réunir dans leur intervalle, & pour lors le Major dira *demi-tour à droite* avant de commander *marche*.

Les Officiers & Sergens des premiers pelotons qui font en ferre-file, iront joindre au premier commandement ceux qui font à la tête de leur premier rang ; ceux des deuxièmes pelotons pafferont en ferre-file : dans les autres pelotons ils ne quitteront leur place ordinaire que lorfque leur peloton ayant longé le front du bataillon, la file de la gauche ou de la droite arrivera derrière le peloton qui le précède; alors ils s'arrêteront pour se trouver tous en dehors de la colonne lorsqu'elle sera formée, observant de s'y partager également afin d'occuper les flancs de tous les pelotons. A l'égard des Commandans des bataillons, ils se placeront à la tête de la colonne.

Le peloton composé des Soldats surnuméraires se placera derrière la colonne, quatre pas en arrière de son dernier rang.

La compagnie de Grenadiers du bataillon de la droite ayant fait à gauche au commandement de *marche,* remplacera successivement le vuide que le départ des pelotons laissera à sa gauche, & elle arrivera ainsi sur le flanc droit de la queue de la colonne, au dernier rang de laquelle elle appuyera la file gauche de son premier rang, à deux pas en dehors de l'alignement du flanc droit de la colonne.

La compagnie de Grenadiers du bataillon de la gauche fera de son côté les mêmes mouvemens pour venir occuper la même place sur le flanc gauche de la queue de la colonne.

Les Tambours, à l'exception de deux qui se tiendront aux deux côtés de la colonne, se placeront à droite & à gauche du peloton surnuméraire.

Ils battront l'assemblée pendant que la colonne se formera.

La colonne ainsi formée, aura deux pelotons de front & six de profondeur.

Elle se divisera en trois sections; la première, composée des premiers & troisièmes pelotons; la deuxième, des cinquièmes & sixièmes; & la troisième, des quatrièmes & deuxièmes : ces sections, soit en marchant ou lorsque la colonne sera arrêtée, conserveront toûjours quatre pas de distance entr'elles.

Lorsque les batteries ou le commandement de *marche* ne seront précédés d'aucun avertissement, la colonne marchera en tête au pas ordinaire si l'on bat *aux champs,* & au pas redoublé si l'on bat *la charge;* dans ce dernier cas elle fera haut les armes lorsque le Commandant, ou le Major, ou les Officiers lui en feront le fignal en portant l'efponton en avant, & alors les deux dernières fections alongeront leur pas pour ferrer fur la première à la pointe de l'épée.

La colonne ayant marché ainfi, les divifions étant ferrées, on l'arrêtera en faifant ceffer les Tambours de battre; auffi-tôt les Soldats porteront leurs armes, la dernière fection fera halte, la deuxième fera encore quatre pas avant de s'arrêter, & la première huit pas, pour rétablir les diftances entre les fections.

Si, la colonne ayant fait haut les armes & les fections étant ferrées on veut lui faire quitter le pas redoublé fans l'arrêter, les Tambours battront aux champs, & alors les Soldats portant leurs armes, la première fection formera encore quatre pas redoublés, puis marchera le pas ordinaire; la deuxième prendra ce pas dès que les Tambours auront changé de batterie, & la troifième marchera au petit pas jufqu'à ce qu'elle ait devant elle quatre pas de diftance.

Pour faire marcher la colonne vers la droite ou vers la gauche, le Major commandera *à droite* ou *à gauche,* & les Soldats feront face au côté qui fera défigné, où le Tambour qui fera du côté vers lequel on devra marcher commencera à battre feul, & les autres Tambours battront avec lui après que les Soldats feront tournés de ce côté.

Pour faire marcher la colonne en queue, le Major commandera demi-tour à droite & fera battre la retraite.

De quelque côté que la colonne ait marché, elle fera toûjours face en tête quand elle s'arrêtera, à moins que le contraire ne foit ordonné, & elle portera fes armes.

La colonne fera auffi exercée à fe divifer après le choc; pour cet effet, lorfqu'après l'avoir fait marcher haut les armes, le Major lui aura commandé de faire *halte,* il avertira de la voix que les fections devront fe féparer, ou

il

il fera faire un roulement pour l'annoncer par les deux Tambours placés fur les flancs de la colonne, qui fe tiendront dans ce moment, l'un fur le flanc droit de la deuxième fection, l'autre fur le flanc gauche de la troifième ; alors la première fection reftant face en tête, la deuxième fera à droite & la troifième à gauche ; & quand le Major dira, *marche,* ou que les Tambours battront *aux champs,* la première fection marchera en avant au pas ordinaire, ou reftera de pied ferme, felon qu'il lui aura été ordonné; la deuxième marchera vers la droite, & la troifième marchera vers la gauche ; & fi on bat *la charge,* elles marcheront au pas redoublé, & feront haut les armes quand les Officiers qui les conduiront porteront l'efponton en avant.

Si l'on ne vouloit détacher qu'une des fections, on ne feroit faire de roulement qu'à un Tambour, qui fe placeroit fur le flanc de cette fection, du côté vers lequel on voudroit la faire marcher.

Pendant ces diverfes opérations, les Grenadiers & le peloton furnuméraire, ainfi que les Tambours, refteront aux places où ils étoient avant la divifion de la colonne, à moins qu'on ne voulût les détacher avec les fections, ou ailleurs, pour faire feu fur l'ennemi, ou les employer à d'autre ufage.

On exercera les fections de la colonne ainfi féparées, à faire à droite & à gauche pour marcher dans tous les fens, tant en avant qu'au pas oblique ordinaire & redoublé.

Pour réunir la colonne, les Tambours battront l'affemblée, & les fections viendront fe rejoindre le plus promptement qu'il fera poffible, ou derrière la première fection, ou en avant du peloton furnuméraire, qui fe portera pour cet effet au lieu où l'on voudra raffembler la colonne.

Pour faire marcher la colonne avec plus d'aifance, quand on aura beaucoup de chemin à lui faire faire en

S

avant, on pourra la divifer en fix fections compofées chacune de deux pelotons : ces fections ne prendront alors que deux pas de diftance entr'elles, au lieu de quatre.

Pour rompre cette colonne & fe remettre en bataille, le Major commandera :

1. *Prenez garde à vous pour rompre la colonne.*
2. *Je parle aux premiers pelotons.*
3. *A droite & à gauche.*
4. *Marche.*

Au troifième commandement, les premiers pelotons feront à droite & à gauche pour fe féparer.

Au quatrième, ils marcheront par leur flanc au pas redoublé, pour aller fe rendre à la place qu'ils doivent occuper à la droite & à la gauche des bataillons ; & lorfqu'ils feront arrivés à la diftance néceffaire, ils feront face en tête.

Tous les autres pelotons marcheront en avant au même commandement ; & lorfque les troifième, cinquième, fixième, quatrième & deuxième pelotons feront arrivés à la place où étoient les premiers, ils feront, comme eux, à droite & à gauche pour aller s'appuyer aux pelotons qui les précèdent : les Officiers reprendront leur place en marchant ; & quand ces pelotons feront arrivés fur leur terrein, ils feront auffi face en tête.

Les Grenadiers partiront au quatrième commandement pour aller, par le pas oblique redoublé, fe placer en ligne à la droite & à la gauche des premiers pelotons.

Les Tambours partiront de même en battant *aux drapeaux*, pour aller auffi par le chemin le plus court prendre leur place à côté des Grenadiers.

Le peloton furnuméraire fuivra les deuxièmes pelotons ; & lorfqu'il fera arrivé fur l'alignement des bataillons, il fe divifera en deux parties, dont les Soldats iront occuper le flanc gauche & le flanc droit de leur bataillon, pour reprendre leur place dans le piquet à mefure qu'on y renverra ceux qui étoient entrés dans les pelotons, que l'on rétablira tels qu'ils étoient avant la formation de la colonne.

Pour former la colonne de retraite, le Major, après en avoir prévenu les troupes, soit que les commande-mens se faffent à la voix ou au son de la caiffe, fera réunir les bataillons, & commandera :

1. *Prenez garde à vous pour former la colonne de retraite.*

2. *Que le deuxième peloton de chaque bataillon ne bouge.*

3. *Demi-tour à droite.*

4. *A droite & à gauche, par quart de converfion, formez la colonne.*

5. *Marche.*

6. *Halte.*

Les deux premiers commandemens ne ferviront que d'avertiffement.

Au troifième, les deux bataillons, à l'exception des deux pelotons indiqués, feront demi-tour à droite, ainfi que la compagnie des Grenadiers & le piquet du bataillon de la gauche ; la compagnie de Grenadiers du bataillon de la droite marchera fix pas en avant, & fera à gauche : le piquet du même bataillon fera trois pas en avant.

Au cinquième commandement, la compagnie de Grena-diers du bataillon de la droite marchera par fon flanc gauche, & ira fe placer par un à droite fur le piquet de fon bataillon.

Le piquet du bataillon de la gauche marchera le pas redoublé, & ira fe placer, par deux quarts de converfion à gauche, vis-à-vis le piquet du bataillon de la droite, à la diftance néceffaire pour que la colonne fe forme entre ces deux piquets.

Les pelotons qui auront fait demi-tour à droite, feront enfemble un quart de converfion ; favoir, ceux du bataillon de la droite, à droite ; & ceux du bataillon de la gauche avec fa compagnie de Grenadiers, à gauche. Ces quarts de converfion étant achevés, les deux pelotons qui n'ont bougé, feront à gauche & à droite, & marcheront pour le rejoindre derrière le piquet & la compagnie des Gre-nadiers du bataillon de la droite, & tout de fuite ils feront à droite & à gauche pour se retrouver face en tête. Les pelotons des deux bataillons qui auront achevé leur quart de converfion, marcheront en même temps les uns vers les autres : ceux du bataillon de la droite aligneront leur dernier rang fur la file droite du peloton du même bataillon, qui fera face en tête ; & ceux du bataillon de la gauche, fur la file de la gauche du peloton de ce bataillon, qui fera auffi face en tête. La compagnie des Grenadiers du bataillon de la gauche s'avancera pareillement en se détachant du bataillon par un pas oblique de gauche à droite, jufqu'à ce que fa première file de la gauche foit alignée, & joignant le rang extérieur du piquet du même bataillon ; enfuite, par un fecond quart de converfion à gauche, elle couvrira ce piquet.

Si les deuxièmes pelotons des deux bataillons formoient enfemble moins de feize files, l'on y joindroit autant de files, prifes dans les quatrièmes pelotons, qu'il feroit né-ceffaire pour les porter jufqu'à ce nombre.

Pendant cette opération, les Tambours des deux ba-taillons viendront, par le pas redoublé, fe mettre fur une file au centre de la colonne, entre les Officiers & les Sergens de ferre-file, à l'exception de deux Tambours, qui refteront en dehors aux angles oppofés de la tête & de la queue de la colonne.

Au fixième commandement, toute la colonne fera demi-tour à droite, excepté la compagnie de Grenadiers & le piquet du bataillon de la droite, & les deux pelotons qui formeront la tête de la colonne, lefquels continueront de faire face en tête, les deux files de droite & de gauche de ces pelotons, faifant cependant face en dehors par un à droite & un à gauche.

Cette colonne marchera de tous les fens fur les com-mandemens qui lui feront faits, ou fur les batteries ci-après indiquées.

Toutes les fois qu'elle fera halte, tout fera face en dehors, & les Soldats feront haut les armes : le côté vers lequel la colonne devra marcher, fera défigné par un des deux Tambours qui feront reftés fur les flancs, lequel battra feul de ce côté ; les autres Tambours ne com-menceront à battre avec lui que lorfque tous les Soldats de la colonne auront fait face du côté indiqué.

Quand

Quand on battra *aux champs,* la colonne marchera au pas ordinaire. Lorsqu'on battra *la charge,* elle marchera le pas redoublé, & fera haut les armes quand les Officiers porteront l'esponton en avant.

Pour rompre cette colonne & se mettre en bataille, on fera les commandemens suivans :

1. *Prenez garde à vous pour rompre la colonne.*

2. *A droite & à gauche, par quart de conversion, rompez la colonne.*

3. *Marche.*

4. *Halte.*

Au premier commandement, toute la colonne portera ses armes.

Au deuxième, la compagnie de Grenadiers du bataillon de la droite, fera à droite, & son piquet fera demi-tour à droite ; celle du bataillon de la gauche fera un quart de conversion à droite ; les deux pelotons de la tête de la colonne feront à droite & à gauche.

Au troisième, tout le bataillon de la droite fera cinq pas ordinaires en avant, & tout de suite il se mettra en bataille, les cinq pelotons faisant un quart de conversion à gauche, & s'alignant sur le peloton qui fermera la gauche du bataillon. Sa compagnie de Grenadiers marchera en même temps le pas redoublé pour aller se placer à la droite par un à gauche.

Le bataillon de la gauche fera quinze pas redoublés en avant, ainsi que sa compagnie de Grenadiers qui s'y réunira, & fera un quart de conversion à droite avec les cinq pelotons de la gauche ; pendant ce temps-là le piquet du bataillon de la droite marchera pour reprendre sa place à la gauche de son bataillon, & le piquet du bataillon de la gauche fera deux quarts de conversion à droite, & marchera au pas redoublé pour aller reprendre sa place à la droite de ce bataillon.

Les Tambours battront *aux drapeaux,* & iront reprendre les places qu'ils occupoient avant la formation de la colonne.

Au quatrième commandement, toutes les troupes se dresseront sur le centre.

T

DE L'EXERCICE DU FEU.

ON exercera les troupes le plus souvent qu'il sera possible à tirer ensemble au commandement, de toutes les manières ci-après prescrites, sans pouvoir faire usage d'aucune autre. Mais cet exercice ne se fera par bataillon, & même en moindre nombre, qu'après que l'on aura fait prendre, comme il a été dit, à chaque Soldat en particulier, & sur-tout à ceux de recrue, l'habitude de manier ses armes, de les charger promptement, de les bien tenir en joue, & de les tirer quand il est ordonné, sans faire aucun mouvement.

On mettra les bataillons sur trois rangs pour l'exercice du feu, & on ne les fera jamais tirer étant à six de hauteur.

Les bataillons tireront de pied ferme par section, par peloton, par deux pelotons ou tiers de rang, par demi-rang & par bataillon.

Quand il s'agira de faire tirer tout le bataillon ensemble, le Major en fera les commandemens. Si ce doit être par division, il avertira de l'espèce de feu qui devra être exécuté, & chaque Commandant de division en fera le commandement à sa troupe dans les temps & l'ordre ci-après indiqués.

Lorsque le régiment étant en bataille on devra l'exercer aux différens feux, le Colonel, le Lieutenant-colonel & les Commandans de bataillon se placeront vis-à-vis les drapeaux contre le premier rang du cinquième peloton de leur bataillon, dont les six files du centre ne tireront jamais sans l'ordre du Commandant. Le Capitaine des Grenadiers se tiendra à la droite de sa compagnie quand elle sera formée par la droite, & le Capitaine de piquet à la gauche de son piquet quand il sera formé par la gauche. Ils repasseront au centre de leur troupe lorsqu'il s'agira de commander le feu de section. Les autres Officiers & les Sergens occuperont chacun leur place dans les rags & en serre-file.

POUR faire feu par section, le Major avertira:

Prenez garde à vous bataillon, pour faire le feu de section.

Le Commandant du bataillon ordonnera ensuite à l'Officier qui sera à la gauche de la onzième compagnie, de commencer les commandemens, & aussi-tôt cet Officier faisant à droite, commandera à cette compagnie :

1. *Haut les armes.*

2. *Apprêtez vos armes.*

3. *En joue.*

4. *Feu.*

AU premier commandement, les Soldats de ladite compagnie ou section feront haut les armes par deux mouvemens précipités qui s'exécuteront dans la valeur d'un seul temps.

Au deuxième, les Soldats du premier rang mettront genou en terre, & ceux des deux derniers rangs se mettront dans la position prescrite au dixième commandement du maniement des armes.

Au troisième, comme au onzième commandement du maniement des armes.

Au quatrième, les Soldats des trois rangs feront feu ensemble, & retireront leurs armes comme au douzième commandement; & ils les chargeront tout de suite en seize temps, ainsi qu'il est expliqué au maniement des armes, depuis le treizième commandement jusqu'au vingt-troisième inclusivement.

Quand l'Officier qui sera à la gauche de la onzième compagnie lui dira *haut les armes,* celui qui sera à la droite de la douzième compagnie fera à gauche, & le temps d'après il lui fera le même commandement de *haut les armes,* & successivement les trois autres.

Les Officiers qui feront à la gauche de la dernière

section du troisième peloton & à la droite de celle du quatrième peloton, feront faire haut les armes à ces sections quand les onzième & douzième compagnies feront en joue.

Il en sera de même successivement des dernières sections des premier & second peloton, & de celles des Grenadiers & du piquet, lesquelles feront haut les armes au commandement de leurs Officiers, lorsque les mêmes sections des pelotons de leur gauche ou de leur droite feront en joue.

On fera tirer dans le même ordre les premières sections de chaque peloton des Grenadiers & du piquet, la première section du cinquième peloton faisant haut les armes lorsque la dernière des Grenadiers aura fait feu.

Si le Commandant ordonne que l'on recommence, la onzième compagnie fera haut les armes quand la première section du piquet fera feu.

Feu de peloton. QUAND le Major avertira le bataillon pour faire feu par peloton ;

Le feu commencera de même par le centre dès que le Commandant du bataillon l'ordonnera ; le sixième peloton fera haut les armes quand le cinquième fera feu ; le troisième & le quatrième, deux temps après que le cinquième & le sixième auront fait feu ; le premier & le deuxième, deux temps après que le troisième & le quatrième auront fait feu ; les Grenadiers & le piquet, deux temps après que les premier & deuxième pelotons auront fait feu.

Si le Commandant du bataillon ordonne que l'on recommence, le cinquième peloton fera haut les armes quand le piquet fera feu.

Feu par tiers de rang. QUAND le Major avertira le bataillon pour faire feu par tiers de rang ;

Lorsque le Commandant du bataillon l'aura ordonné, le plus ancien Officier des deux pelotons formant un tiers de rang, leur fera les commandemens, le feu commençant par le tiers de rang du centre, ensuite celui de la droite, celui de la gauche, les Grenadiers & le piquet.

Chacune de ces divisions fera haut les armes le temps d'après que celle qui la précède aura fait feu, & le tiers du rang du centre pourra recommencer à faire haut les armes lorsque le piquet aura fait feu.

QUAND

QUAND le Major avertira le bataillon pour faire feu par demi-rang ;

Feu par demi-rang.

Le Commandant du bataillon fe placera entre le cinquième & le fixième peloton, où il fera à droite pour faire les commandemens au demi-rang de la droite du bataillon ; & quand ce demi-rang aura fait feu, le Commandant fera demi-tour à droite pour faire les mêmes commandemens au demi-rang de la gauche, deux temps après le feu du demi-rang de la droite.

La gauche du bataillon ayant fait feu, le Capitaine des Grenadiers fera, deux temps après, les commandemens à fa compagnie ; & quand elle aura fait feu, le Capitaine du piquet lui fera aufli, deux temps après, les mêmes commandemens, à fon tour ; de forte que le demi-rang de la droite pourra recommencer deux temps après que le piquet aura fait feu.

LE Major fera les mêmes commandemens pour faire tirer par bataillon entier, en réfervant (fi le Commandant le juge à propos) le feu des Grenadiers & du piquet pour les faire tirer féparément pendant que les pelotons rechargeront ; auquel cas les Grenadiers ne feront haut les armes qu'au quatrième temps, après que le bataillon aura fait feu, & on laiffera le même intervalle entre le feu des Grenadiers & celui du piquet, & entre le feu du piquet & celui du bataillon, quand il devra recommencer.

Feu par bataillon.

LES bataillons chargeront leurs armes avant de commencer l'exercice du feu, & pour cet effet le Major commandera :

Charger les armes, le Soldat portant le fufil.

Chargez vos armes.

Le Soldat qui portera fes armes, exécutera ce commandement en dix-huit temps.

Le premier, comme le premier temps du premier commandement pour l'infpection.

Au deuxième, il fera à droite, & fe placera, ainfi que fes armes, dans la pofition prefcrite au douzième commandement du maniement des armes lorfque l'on a fait feu.

Au troifième, il portera le pouce & le premier doigt

V

de la main droite à la batterie, & découvrira le baffinet.

Au quatrième & aux fuivans, il chargera le fufil par les mêmes temps, & ainfi qu'il eft prefcrit au maniement des armes depuis le quatorzième commandement jufques & compris le vingt-troifième.

Lorfque le Soldat, en finiffant l'exercice du feu, aura été averti qu'il ne doit plus charger fes armes, après avoir fait feu & s'être remis dans la pofition du douzième commandement du maniement des armes, il exécutera feulement le temps du treizième commandement & celui du dix-feptième, & il portera enfuite fes armes en deux autres temps, qui s'exécuteront comme il eft prefcrit aux deuxième & troifième temps du dixième commandement pour l'infpection.

DES BATTERIES DES TAMBOURS,
& des fignaux relatifs aux évolutions.

POUR fuppléer au défaut de la voix lorfqu'elle ne pourra fe faire entendre fur l'étendue du front des bataillons, on fe fervira des batteries des Tambours pour annoncer chaque mouvement, & des fignaux ci-après défignés, par lefquels le Major fera entendre aux Tambours celles qu'ils auront à faire.

Batteries.

POUR raffembler une troupe, ou pour lui faire ferrer les rangs lorfqu'elle eft raffemblée, on fera *appeler* les Tambours.

Pour marcher en avant, on battra *aux champs.*

Tout mouvement qui n'aura point été indiqué, fera annoncé par un *roulement* s'il doit fe faire à droite, ou par deux fi c'eft à gauche.

Si le bataillon doit fe rompre par demi-rang, après un ou deux roulemens on donnera deux coups de baguette, trois fi c'eft par tiers de rang, quatre fi c'eft par pelotons, & cinq fi c'eft par fections, après quoi les Tambours battront *aux champs.*

Le bataillon étant rompu fe reformera dès que l'on battra *aux drapeaux,* & marchera devant lui en bataille, foit qu'on continue cette batterie, ou qu'on batte la charge ; même si l'on battoit *aux champs*, à moins que cette batterie n'eût été précédée de roulemens.

Les bataillons entiers feront un quart de converſion ; quand après un ou deux roulemens ſuivis d'un coup de baguette, les Tambours battront *aux champs :* s'il y avoit plus d'un bataillon, & qu'on voulût leur faire faire enſemble le quart de converſion, on ne donnera point de coups de baguette après les roulemens.

Pour doubler les diviſions, on fera trois roulemens qui feront ſuivis d'un coup de baguette.

On fera les mêmes batteries pour dédoubler les diviſions.

Pour tripler les diviſions, on fera quatre roulemens ſuivis d'un coup de baguette, & on les fera remettre par la même batterie.

On formera la colonne d'attaque, quand après deux coups de baguette ſuivis d'un roulement, les Tambours battront *l'aſſemblée*, & celle de retraite quand les deux coups de baguette feront ſuivis de deux roulemens.

Le bataillon fera demi-tour à droite ſi l'on bat *la retraite*, & marchera devant lui.

On ceſſera de marcher toutes les fois que les Tambours ceſſeront de battre.

A l'égard des ſignaux que le Major devra donner aux Tambours. *Signaux.*

Il agitera ſon épée circulairement autant de fois qu'il voudra que les Tambours faſſent des roulemens.

Il marquera de même avec l'épée les coups de baguette qu'ils devront donner.

Pour faire battre *aux champs*, il lèvera l'épée droite la pointe en haut, ayant le bras tendu à la hauteur de l'épaule.

Pour faire battre *aux drapeaux*, il aura le bras tendu, le poignet tourné en dedans, de façon que l'épée croiſe horizontalement devant lui à la hauteur de la cravate.

Pour faire battre *la charge*, il portera l'épée directement devant lui, la pointe en avant, ayant le bras tendu.

Pour faire *appeler*, il mettra l'épée ſur l'épaule.

Pour faire battre *la retraite*, il paſſera l'épée croiſée derrière le dos.

Pour faire battre *l'assemblée*, il tiendra l'épée perpendiculaire, la pointe en bas, le bras tendu devant lui à la hauteur de la cravate, & le poignet renversé en dedans.

Pour faire cesser de battre, il donnera un grand coup de l'épée vers la terre sans la relever.

DES REVUES.

Lorsqu'un régiment ou bataillon devra passer en revûe;

Revûe d'honneur. Si c'est pour une revûe d'honneur, il sera formé sur trois rangs ouverts : les Officiers seront à la tête de leurs troupes reposés sur l'esponton, & les Enseignes avec leurs Sergens se placeront à la tête du cinquième peloton au rang des Lieutenans.

Lorsqu'on rompra le régiment ou le bataillon pour défiler, les Officiers marcheront aussi à la tête de leurs troupes, soit qu'ils doivent saluer de l'esponton ou non.

Revûe de l'Inspecteur ou du Commissaire. S'il s'agit d'une revûe de l'Inspecteur ou du Commissaire des guerres, chaque compagnie partira de son quartier, rangée suivant l'ordre de l'ancienneté des Soldats qui la composent; & prendra cependant dans le bataillon le rang qui lui est marqué pour la formation des pelotons.

Lorsque les Enseignes arriveront à la tête du bataillon, ils iront se placer avec les drapeaux à la tête des compagnies auxquelles ils sont attachés.

Les Officiers, Sergens & Soldats de piquet qui auront été chercher les drapeaux, & les Sergens qu'on aura nommés pour les accompagner, iront par derrière le bataillon prendre leur rang dans les compagnies dont ils seront.

Si on veut faire mettre les compagnies sur un même rang, on se servira de la méthode ci-dessus indiquée pour faire border la haie par compagnie.

Alors les Officiers, Sergens & Tambours se placeront

sur

fur la même ligne que les Soldats à la droite ou à la gauche de leur compagnie, felon qu'elle fera formée par la droite ou par la gauche.

Si on fait défiler les compagnies par quatre ou autrement, le Capitaine marchera quatre pas en avant du premier rang de fa compagnie, le Lieutenant à fa gauche un peu en arrière, les Sergens un pas derrière le Lieutenant, & le Tambour un pas derrière les Sergens.

Dans les compagnies où il y aura un drapeau, le Lieutenant marchera à la droite & en arrière du Capitaine, & l'Enfeigne à fa gauche.

On fera les livrets dans le même ordre que les compagnies devront être diftribuées dans les pelotons.

VEUT & entend Sa Majefté que toutes fes troupes d'Infanterie, tant françoife qu'étrangère, fe conforment avec la plus grande exactitude à ce qui eft porté dans la préfente ordonnance, enjoignant aux Commandans des corps de ne permettre ni fouffrir qu'il y foit rien changé, augmenté ou retranché, en quelque manière & fous tel prétexte que ce foit; & faifant très-expreffes inhibitions & défenfes aux Majors des régimens, ou autres Officiers qui commanderont les exercices, de faire exécuter aucuns temps ni mouvemens autres que ceux qui y font prefcrits, dérogeant Sa Majefté à toutes ordonnances à ce contraires.

Et pour que les régimens Suiffes & autres régimens étrangers qui font au fervice de Sa Majefté, puiffent manœuvrer avec la même uniformité qu'Elle a réfolu d'établir entre toutes les troupes de fon Infanterie fans aucune exception, fon intention eft que toutes les fois que lefdits régimens Suiffes & autres étrangers prendront les armes pour être exercés, ils forment six pelotons par bataillon, ainsi qu'il est enjoint pour les bataillons françois; au moyen de quoi ils ne pourront se dispenser d'exécuter tout ce qui est établi par cette ordonnance, nonobstant ce qu'ils pourroient alléguer de la différence de leur formation & de leurs usages.

MANDE & ordonne Sa Majesté aux Généraux de ses armées, aux Gouverneurs & Lieutenans généraux commandant en ses provinces, aux Inspecteurs généraux de son Infanterie, aux Colonels & autres Officiers de ses régimens, aux Commandans de ses villes & places où ces régimens seront en garnison ou en quartier, & à tous autres ses Officiers qu'il appartiendra, chacun en ce qui les concerne, de tenir la main à l'exécution de la présente. FAIT à Marly le six mai mil sept cent cinquante-cinq. *Signé* LOUIS. *Et plus bas,* M. P. DE VOYER D'ARGENSON.